建设宜居宜业和美乡村理论与实践

李玉恒 著

天津出版传媒集团

天津科学技术出版社

图书在版编目（CIP）数据

建设宜居宜业和美乡村理论与实践为例 / 李玉恒著. -- 天津：天津科学技术出版社，2023.9
ISBN 978-7-5742-1581-8

Ⅰ.①建… Ⅱ.①李… Ⅲ.①农村-社会主义建设-研究-中国 Ⅳ.①F320.3

中国国家版本馆 CIP 数据核字（2023）第 180163 号

建设宜居宜业和美乡村理论与实践
JIANSHE YIJU YIYE HEMEI XIANGCUN LILUN YU SHIJIAN

责任编辑：陈震雄

责任印制：赵宇伦

出　　版：	天津出版传媒集团 天津科学技术出版社
地　　址：	天津市西康路 35 号
邮　　编：	300051
电　　话：	（022）23332397
网　　址：	www.tjkjcbs.com.cn
发　　行：	新华书店经销
印　　刷：	北京四海锦诚技术印刷公司

开本 787×1092　1/16　印张 12　字数 300 000
2024 年 6 月第 1 版第 1 次印刷
定价：78.00 元

国家自然科学基金项目：41771191、41301190

中国科学院地理科学与资源研究所"可桢杰出青年人才"项目：2018RC102

PREFACE 前言

回顾世界发展史，全球化、城市化、工业化、气候变化等因素交织，重塑了人类经济社会发展形态，也丰富了城乡关系的内涵。在此过程中，由于人口流失所引发的乡村衰退问题已成为全球性趋势。改革开放以来，我国实现了由农业社会向工业社会的转型，并向知识经济社会快速迈进。然而，长期的"重城轻乡"策略致使城乡发展不平衡、乡村发展不充分，已成为新时代我国社会主要矛盾的突出表现。在我国快速城镇化、工业化进程，部分乡村地区受劳动力流失、本地产业萎缩、社会主体老弱化、公共服务短缺等因素影响，发展动力不足，活力持续降低，严重制约了乡村可持续发展，亟需得到关注。

乡村与城市互促互进、共生共存，共同构成人类活动的主要空间。乡村兴则国家兴，乡村衰则国家衰。我国人民日益增长的美好生活需要和不平衡不充分的发展之间的矛盾在乡村地区最为突出，全面建成小康社会和全面建设社会主义现代化强国，最艰巨最繁重的任务在农村，最广泛最深厚的基础在农村，最大的潜力和后劲也在农村。从社会主义新农村建设到美丽乡村建设，再到乡村振兴战略、宜居宜业和美乡村建设，这是新世纪以来我国对城乡关系不断探索和丰富的结果，也是符合中国国情的乡村发展之路。为什么有的乡村衰退而有的乡村没有？如何把握乡村演化规律，科学实施乡村振兴与宜居宜业和美乡村建设？这是一个非常值得研究的课题。

2012年底笔者回国加入中国科学院地理科学与资源研究所以来，所负责的国家自然科学基金青年及面上项目聚焦京津冀地区地城乡要素空间集聚及效应、乡村韧性测度与调控，在科研实践中深刻认识到我国城乡发展不均衡及乡村衰退问题的严重性，也越发意识到乡村韧性理论对于指导我国农村地区实现由衰转兴的重要价值。在大量文献学习与实证分析基础上，笔者于 2017 年在《Nature》发文 "Revitalize the World's Countryside"，呼吁重视乡村衰退问题。之后笔者又相继在《Journal of Rural Studies》、《Growth and Change》、《地理学报》、《经济地理》等国内外知名期刊发文，从理论、实证视角梳理总结了乡村演化规律，解析了乡村衰退问题，并提出了构建韧性乡村，助力乡村振兴的路径。因此，本书可以说是笔者回国工作以来从事乡村发展研究的一个阶段性成果总结，有些已发表文章的学术思想和部分具体内容在更新之后均融入到了本书之中。

2017 年，党的十九大提出"实施乡村振兴战略"，从全局和战略高度来把握和处理工农关系、城乡关系。2022 年，党的二十大报告中提出"全面推进乡村振兴"，强调"建设宜居宜业和美乡村"。这为新时期推进我国农业农村发展与城乡融合指明了科学方向，奠定了坚实基础，也为有效破解乡村衰退问题，提升乡村地区应对风险与挑战的韧性能力，进而实现乡村可持续发展提供了重要保障。作为一名学者，很高兴看到自己所关注、研究的问题上升到国家战略高度，对于能够在这方面贡献自己一份绵薄之力深感荣幸。

本书聚焦新时期的宜居宜业和美乡村建设，从城乡关系演进、乡村演化视角探究了宜居宜业和美乡村建设的历史背景、理论内涵及任务要求；以京津冀地区为例，深入解析了区域城镇化与乡村人地关系变化、乡村演化时空过程与特征；在借鉴国际乡村建设经验基础上，梳理总结了京津冀地区宜居宜业和美乡村建设的典型案例。本书框架和写作思路由笔者负责设计确定，在写作过程中，笔者所指导的硕士研究生黄惠倩、王晟业、李奥、金启慧、成汶璟、左文洁、张云、高广雅、温久瑶、赵宁给予了不少帮助，并分别参与了部分章节的初稿撰写工作，在此对他们的辛勤付出表示感谢。全书最后由笔者统稿、修改、定稿。在写作过程中，参考了许多业内专家的科研成果，书中在引用部分做了标注，但仍恐有遗漏之处，诚请包涵。限于笔者的能力和水平，本书仍有许多不足之处，恳请同行专家学者提出宝贵的意见和建议！

李玉恒
2023 年 8 月于北京

CONTENTS 目 录

第一章 科学认知世界乡村发展历程与趋势 ········· 1

　第一节 乡村认知及其演化 ········· 1
　　1.1 乡村概念与多功能性 ········· 1
　　1.2 城乡关系变化 ········· 3
　　1.3 乡村系统演化 ········· 5

　第二节 乡村演化历程与特征 ········· 7
　　2.1 人口数量变化 ········· 7
　　2.2 人口就业变化 ········· 8
　　2.3 粮食生产变化 ········· 10
　　2.4 公共服务变化 ········· 12

　第三节 乡村发展态势与挑战 ········· 14
　　3.1 乡村衰退的全球性趋势 ········· 14
　　3.2 全球化与乡村发展 ········· 16
　　3.3 气候变化对乡村的影响 ········· 18
　　3.4 数字经济与乡村发展 ········· 19

第二章 中国城乡关系演进与百年乡村建设 ········· 22

　第一节 新中国成立以来的城乡关系 ········· 22
　　1.1 计划经济时期 ········· 23
　　1.2 改革开放时期 ········· 23

　第二节 建党百年历程中的乡村建设 ········· 31
　　2.1 萌芽探索时期 ········· 32

2.2　新民主主义革命时期 …………………………………………… 33
　　2.3　计划经济时期 ………………………………………………… 35
　　2.4　社会主义现代化建设时期 …………………………………… 38
　　2.5　中国特色社会主义新时代 …………………………………… 40

第三章　建设宜居宜业和美乡村的时代背景 ………………………………… 41
　第一节　开启新时代乡村建设的重要使命 ………………………………… 41
　　1.1　建设宜居宜业和美乡村是我党对乡村发展规律的科学把握 … 41
　　1.2　建设宜居宜业和美乡村是我国破解乡村衰退难题的积极实践 … 42
　　1.3　建设宜居宜业和美乡村是全面建设现代化国家的重要内容 … 42
　　1.4　建设宜居宜业和美乡村是改善民生，焕发文明的内在要求 … 43
　第二节　破解乡村发展难题的必由路径 …………………………………… 43
　　2.1　人口流失与留守人口问题 …………………………………… 44
　　2.2　农业发展面临的问题 ………………………………………… 49
　　2.3　农村资源环境问题 …………………………………………… 51
　　2.4　乡村文化传承问题 …………………………………………… 53

第四章　建设宜居宜业和美乡村内涵与意义 ………………………………… 55
　第一节　建设宜居宜业和美乡村的内涵 …………………………………… 55
　第二节　建设宜居宜业和美乡村的意义 …………………………………… 57
　　2.1　全局和历史意义 ……………………………………………… 57
　　2.2　理论和现实意义 ……………………………………………… 58

第五章　建设宜居宜业和美乡村要求与任务 ………………………………… 59
　第一节　建设宜居宜业和美乡村的要求 …………………………………… 59
　第二节　建设宜居宜业和美乡村的任务 …………………………………… 60

第六章　建设宜居宜业和美乡村的理论基础 ………………………………… 68
　第一节　不均衡发展理论 …………………………………………………… 68
　　1.1　赫希曼的不平衡发展理论 …………………………………… 68
　　1.2　佩鲁的"增长极"理论 ……………………………………… 69

1.3　弗里德曼的"核心—边缘"理论 ·· 70

　第二节　城乡交互作用理论 ··· 71

　　2.1　马克思主义的城乡关系理论 ··· 71

　　2.2　城乡二元经济理论 ··· 72

　　2.3　城乡融合发展理论 ··· 74

　第三节　乡村韧性理论 ··· 77

第七章　建设宜居宜业和美乡村的国际经验 ································· 81

　第一节　德国村庄整治 ··· 81

　　1.1　循序渐进下的乡村更新 ··· 81

　　1.2　巴伐利亚州的城乡等值化试验 ··· 82

　　1.3　德国乡村建设实践的启示 ·· 84

　第二节　法国村庄革新 ··· 85

　　2.1　综合发展型模式下的农村改革 ··· 85

　　2.2　法国农村改革的特征 ··· 87

　　2.3　法国农村改革的启示 ··· 89

　第三节　日本新农村建设 ·· 90

　　3.1　日本新农村建设历程 ··· 91

　　3.2　日本新农村建设的启示 ··· 93

　第四节　瑞典社会资本助推乡村振兴 ··· 95

　　4.1　瑞典乡村社区建设 ··· 95

　　4.2　奥勒村社会资本助推乡村高质量发展 ······························ 97

第八章　京津冀地区人口发展与城镇化进程 ································· 99

　第一节　区域发展概况 ··· 99

　第二节　京津冀人口与土地利用变化 ······································· 102

　　2.1　人口变化与老龄化 ·· 102

　　2.2　乡村人口就业与收入 ··· 107

　　2.3　乡村土地利用变化 ·· 108

　第三节　京津冀县域城镇化过程与特征 ··································· 110

第九章 京津冀地区乡村演化过程及其分异 ········· 114

第一节 京津冀乡村人地关系时空耦合 ········· 114
1.1 研究方法与数据来源 ········· 114
1.2 研究结果 ········· 116
1.3 乡村人地关系调控路径 ········· 124

第二节 京津冀乡村演化中心性与成长性 ········· 125
2.1 研究方法与数据来源 ········· 125
2.2 研究结果 ········· 127

第三节 欠发达地区乡村演化研究 ········· 131
3.1 县域发展概况 ········· 132
3.2 研究方法与数据来源 ········· 133
3.3 研究结果 ········· 133

第十章 京津冀宜居宜业和美乡村建设实践 ········· 140

案例一 北京市怀柔区渤海镇北沟村的文旅结合致富模式 ········· 140
案例二 北京市密云区太师屯镇流河峪村的一二三产融合发展模式 ········· 143
案例三 北京市密云区穆家峪镇荆子峪村的科技赋能现代农业模式 ········· 146
案例四 天津市滨海新区太平镇友爱村的能人带动直播助农模式 ········· 149
案例五 天津市津南区北闸口镇前进村的社会资本助力乡村建设模式 ········· 151
案例六 河北省平山县北庄村的"党建引领+红绿融合"乡村建设模式 ········· 153
案例七 河北省阳原县辛堡乡小关村的股份合作共富模式 ········· 156
案例八 河北省张北县小二台镇德胜村的企业引领共同富裕模式 ········· 158
案例九 河北省隆化县七家镇西道村的"草莓公社"发展模式 ········· 161
案例十 河北省围场县城子镇八顷村的生物多样性引领乡村振兴模式 ········· 164
案例十一 河北省威县方家营镇孙家寨村的孝道文化引领乡村建设模式 ········· 166
案例十二 河北省阜平县北果园镇店房村的生态保育助力乡村振兴模式 ········· 168

参考文献 ········· 171

第一章　科学认知世界乡村发展历程与趋势

乡村是实现联合国 2030 年可持续发展目标的重要载体，关系到减贫、粮食安全、良好健康与福祉、减少不平等、气候行动等多个发展目标。伴随着人类社会由农业型社会向城市型社会转型，大量人口向城市地区集聚，生计方式向非农化转型。在此过程中，乡村经济、社会等发生了系列变化，对城市的依赖性愈发增强，一些地区由于人口流失引发的乡村衰退问题愈发凸显，亟需得到关注。本章解析了乡村系统构成及其发展背景、回顾了全球乡村发展历程与特征，揭示了乡村发展趋势与面临的挑战。

第一节　乡村认知及其演化

1.1　乡村概念与多功能性

乡村（亦称农村）是指城市建成区以外具有自然、社会、经济特征和生产、生活、生态、文化等多重功能的地域综合体，包括乡镇和村庄等（中华人民共和国乡村振兴促进法）。乡村地域系统是具有一定结构、功能和区际联系的乡村空间体系，具有开放性、复杂性、动态性的特征（刘彦随，2018）。人地关系地域系统是地理学研究的核心理论，是由人类社会和地理环境两个子系统在地球表层一定地域中交错构成的一种动态结构（吴传钧，1991）。乡村地域系统是人地关系地域系统的重要组成部分。如图 1-1 所示，乡村地域系统既包括诸如资源禀赋、空间区位、基础设施等物质性要素，也包括人际关系、社会联系、价值观、道德和文化价值等非物质性要素，这两种要素相互交织，形成了乡村地域系统演化所需的自然资本、生产资本、人力资本和社会资本等（Cloke et al.，1992；Bell，1992；Halfacree，1993，2004；李玉恒等，2019）。作为一个具有复杂性、动态性、开放性特征的空间体系，乡村地域系统不是孤立存在的，它的演化受到全球化、城市化、工业化、气候变化等外界发展主导作用力的综合影响，在乡村内核系统与外界环境系统交互作用下，乡村的经济、社会结构得以重新塑造，地域功能不断发生演化，从而实现乡村转型发展（Hoggart et al.，2001；Woods，2011；Li et al.，2019）。

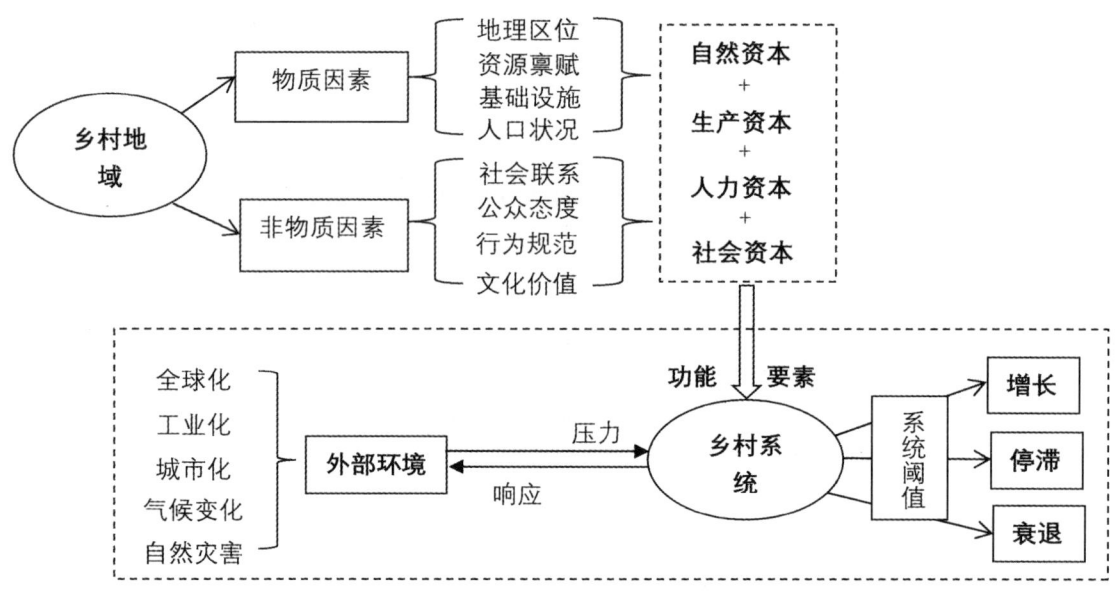

图1-1 乡村地域系统构成及其演化

乡村具有农业生产、居住生活、社会保障、生态服务、文明与社会传承等多元功能（房艳刚，2020）。在现代交通、通讯技术的支撑下，乡村的多功能性愈发凸显，从生产功能看，乡村是农业生产活动的主要场所，既包括传统的种植业和养殖业，也包括特色农业、休闲农业、现代农产品加工业、乡村手工业、绿色建材、红色旅游、乡村旅游、康养和乡村物流、电子商务等乡村新兴产业。乡村的生产功能在粮食安全保障和为消费者提供丰富的食品原料和工业原料、提供就业机会、保障农业从业者的收入等方面具有不可替代的作用，因此需要相应的制度保障，促进乡村产业的发展。

从生活功能看，乡村为农民提供理想栖息空间，并建立起基于血缘、亲缘、地缘关系的乡土社会。乡村是众多人口的生活空间，尽管在城市化进程中有不少农民进城就业和居住，但目前仍然有近半数的人口常年生活在农村地区，因此需要保障这些人口的居住、交通、环境、教育、医疗等基础生活条件和基本公共服务。

从生态功能看，乡村是由自然生态景观、农业生产景观和聚落景观构成的复合体，具有自然性、传统性和简朴性特征。以农业为主的乡村产业是人与自然相互交融的产业，作物、林木、草原也具有重要的水土保持、空气净化、生态涵养作用，农业在利用自然资源的同时也在保护资源和改善生态环境。

从文化功能看，乡村是农耕文明传承的重要载体，乡村文化以传统性、地方性的乡村文化为主，具有丰富多彩的乡风、家风、民风特征，传统生活方式以及村民之间的社会交往方式等是乡村文明的重要组成部分。

1.2 城乡关系变化

乡村与城市之间基于人流、物流、信息及资金流在联系城乡的空间和部门之间的作用，形成了包括物质、经济、人口迁移、社会、服务供应、政治行政等方面的关系，具有相互依赖、相互影响、相互制约的特征（Tocali，1998；Li，2011）。城乡关系是城市与乡村之间发生的各种经济和社会关系的总称，根源在于城乡间的差异性与互补性，它伴随着城市与乡村的产生而产生，其演化历程与历史文化背景、社会经济发展及体制机制等密切相关，在不同时期呈现不同的城乡关系特征、形态与功能。许学强等认为城乡发展转型是在农村地区发生的由乡村向城市转化，由量变到质变的动态过程，内涵是全方位的，包括经济、社会、人口、景观的转型（许学强等，1998）。胡必亮等指出城乡发展转型包含从农业经济转变为工业与服务业经济、从乡村社会转变为城镇社会、从乡村生活方式转变为城镇生活方式，进而从乡村文明转变为城镇文明（胡必亮，李玉祥，2008）。自工业革命以后，西方发达国家城市化进程便进入加速发展阶段，城乡问题日益凸显，城乡关系及其协调发展受到经济学、社会学、地理学等学科领域的关注，并形成了一系列较为成熟的理论。从16世纪初空想主义的"乌托邦"方案，到马克思、恩格斯的城乡融合发展理论，再到田园城市理论、有机疏散理论、城乡二元经济结构论等，城乡关系发展的理论体系不断完善。至20世纪80年代，研究的焦点开始转向城乡之间的合作与互动，形成了基于城乡均衡发展的"城乡联系流"分析框架以及"区域网络发展"模型。

长期以来，城乡在要素集聚程度与状态水平上存在较大差异，这就使得城乡之间各种要素的流动与再分配成为必然。要素的流动与互动，既带来城镇与乡村各方面的变化，也使城乡之间形成密切的联系，且随着城镇化、工业化及信息化的发展，乡村与城镇之间要素的交流更加频繁，各种特征也更为凸显。城乡要素流动在方向上可以分为单向流动和对向流动，前者是某类要素从城到乡或从乡到城的单向流动，后者是某类要素在城乡之间相互流动、循环流动；城乡之间的要素流动在强度上也存在高、中、低的显著区别，流动的强度越高，证明城乡之间的联系越紧密。

城乡关系演进的动力既包括自上而下的扩散力，即国家投资兴建新城、扩建旧城、开发区建设、郊区化，又包括自下而上的集聚力，即城市附近农村经济改革与发展、农村工业化、乡村城镇化（张安录，2000）。早在1981年，Lo等（1981）研究了亚洲地区的城乡关系发展，发现城乡差距不断扩大是二元体制下城市与乡村相互作用的结果，而城乡关系演进直接受国际关系、国家发展模式以及区域政策的影响。研究进一步指出计划经济时期，在中国中央统筹各地生产要素的发展模式下，广大中小城市带动了农村地区的发展。McGee（2008）指出中国的后发优势、经济全球化、现代技术、行政机构调整给城乡转型带来了巨大的机遇和动力，而人多地少、区域发展差距增大、资源空间分配不均也为城乡转型带来了诸如环境污染、资源过度消耗等挑战。Li和Zhang（2013）发现在中国城乡关系的演进与发展转型过程中，生产要素主要向城市主城区积聚，并逐步向郊区及外围区县扩散，导致了土地变更的空间差异。

1.3 乡村系统演化

作为一个具有复杂性、动态性、开放性特征的空间体系，乡村不是孤立存在的，在与外部发展主导作用力（全球化、城市化、工业化等）交互作用过程中，乡村系统的经济与社会结构得以重新塑造，从而实现乡村地域功能的演化和乡村转型发展（Hoggart and Paniagua，2001；Woods，2010；龙花楼，屠爽爽，2017；Li et al.，2019）。伴随着人类社会的快速发展以及城市化、工业化进程的快速推进，乡村地区经历了深刻的演化。纵观世界发展史，人类社会经历了以土地资源为基础的农业经济社会、以城市、工业为主导的资本经济社会并正在向以科技、信息、创新为特征的知识经济社会转型。在此过程中，城乡关系不断演化，乡村发展所面临的外部环境、经济增长方式与动能、生产要素组织方式与构成等具有显著的差异性特征（图1-2）。

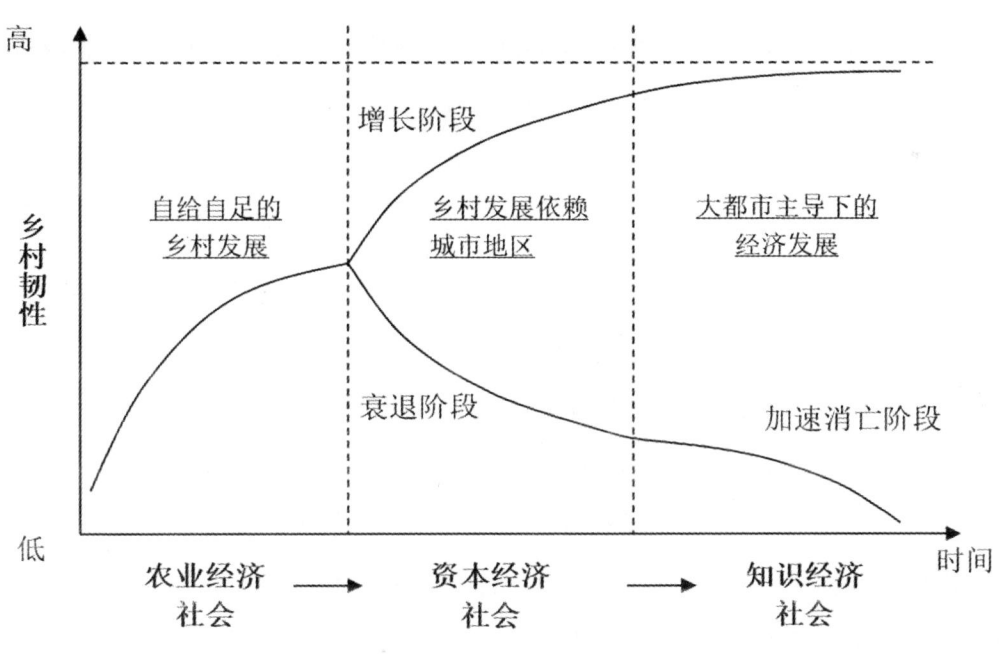

图1-2 城乡关系演化示意图

在以土地资源为基础的农业经济发展阶段，乡村具有自给自足的发展特征，农户普遍采取精耕细作，提高复种指数，调整农业结构等方式增加粮食产量来维持生计。随着农业生产力的发展与农户自身经验的增长，乡村地区应对自然灾害等冲击的韧性能力不断提升。乡村地区为城市、工业发展提供了原材料、劳动力等要素，极大支撑了城市化、工业化发展，人类社会也由农业社会向以城市、工业为主导的资本经济社会演进，乡村发展对城市的市场、资本、技术等的依赖性显著增强。得益于现代化的交通和通讯技术，城市地区则可以在更广阔的范围内获取发展所需的要素，改变了以往依赖周边乡村腹地的发展方式。由此，在市场、政策等的影响下，生产要素不断向城市聚集，城市主导了地区发展，广大乡村逐渐成为城市发展重要的资源供给地以及环境压力的承载地（李玉恒，刘彦随，2013）。但是，这种发展方式不断加剧和固化了城乡二元结构，其直接后果是城市与乡村间在生产活动、就业机会、公共服务、人口空间分布等多方面的不平衡，导致城乡发展差距不断扩大。在此过程中，一部分乡村在城乡交互中实现发展转型，经济实力、发展动力不断增强。然而，很多偏远地区的乡村仍以农业生产为主，以生计非农化为导向的人口流失降低了这些乡村抵御外界风险和挑战冲击的韧性。在以科技、信息、创新为特征的知识经济社会，知识密集型产业或部门成为大都市区主导下，国家、区域经济发展的重要支撑，也对劳动力素质提出了更高要求。在此阶段，有的乡村借助互联网、现代通讯、交通等技术实现发展转型，如电商村，成为全球化发展的受益者，而广大农业型乡村将面临加速衰退的境遇。

当前，随着全球城市化进程快速推进，乡村人口占比显著下降，1960-2021年世界乡村人口占总人口的比例由66.44%下降到43.51%，降幅达34.51%。在此过程中，乡村地区人口快速、大规模的减少加剧了广大乡村地区的不稳定性和脆弱性，降低了乡村应对扰动冲击的韧性。一方面，当乡村人口日渐减少时，乡村地区面临着劳动力短缺、本地市场萎缩、经济衰退等挑战，致使以本地市场为依存的家庭作坊和小企业难以为继。另一方面，随着乡村经济的萧条以及人们对城市生活的向往，大量受过教育的年轻人纷纷选择离开，人才外流问题严重。

在工业化达到相当程度后，工业反哺农业、城市支持农村，实现工业与农业、城市与农村协调发展，成为带有普遍性的措施取向。例如，美国、英国、澳大利亚、瑞典等国都曾采用规划、投资和补贴的策略来鼓励农村发展。20世纪80-90

年代期间，英国乡村发展战略的制订由先前的"自上而下"（Top-down）转向"自下而上"（Bottom-up），注重地方的需求，强调社区的建设（龙花楼等，2010）。一些发展中国家如莫桑比克和肯尼亚从20世纪70年度中期对农村的政策从征税转为扶持，以此纠正对城市的偏向。中国在2005年提出"建立以工促农、以城带乡的长效机制"，这对于统筹城乡发展，建设社会主义新农村，具有十分重大的意义。此后每年的中央一号文件聚焦农业、农村、农民发展，营造了全面支持乡村发展的政策环境。2017年中国政府提出实施乡村振兴战略，首次将"三农"问题上升到国家战略高度，以"产业兴旺、生态宜居、乡风文明、治理有效、生活富裕"为目标，通过政策与体制机制创新推进农业农村优先发展，增进乡村发展活力与动力。

第二节 乡村演化历程与特征

本节基于世界银行公布的数据分析了1960年以来全球及主要地区在人口、产业、耕地、公共服务等方面的变化，揭示了世界乡村发展历程及其特征。

2.1 人口数量变化

在1960-2021年间，世界乡村人口由20.08亿人增长到34.32亿人，增长了70.92%。而乡村人口占世界总人口的比例也由66.44%下降到43.51%，降幅达34.51%。如图1-3所示，1960-2021年世界五大地区乡村人口占比表现为持续减少的趋势，平均降幅达46.32%。其中拉美及加勒比地区的乡村人口占比降幅最高，达到63.19%，撒哈拉以南非洲地区乡村人口占比降幅最小，为31.87%。截至2021年，除撒哈拉以南非洲地区外，其他四个地区的乡村人口占比均低于50%，处于以城市人口为主的空间分布格局，而撒哈拉以南非洲地区乡村人口占比为58.17%，相对于2015年占比有所下降，降幅达6.54%，处于以乡村人口为主的空间分布格局。

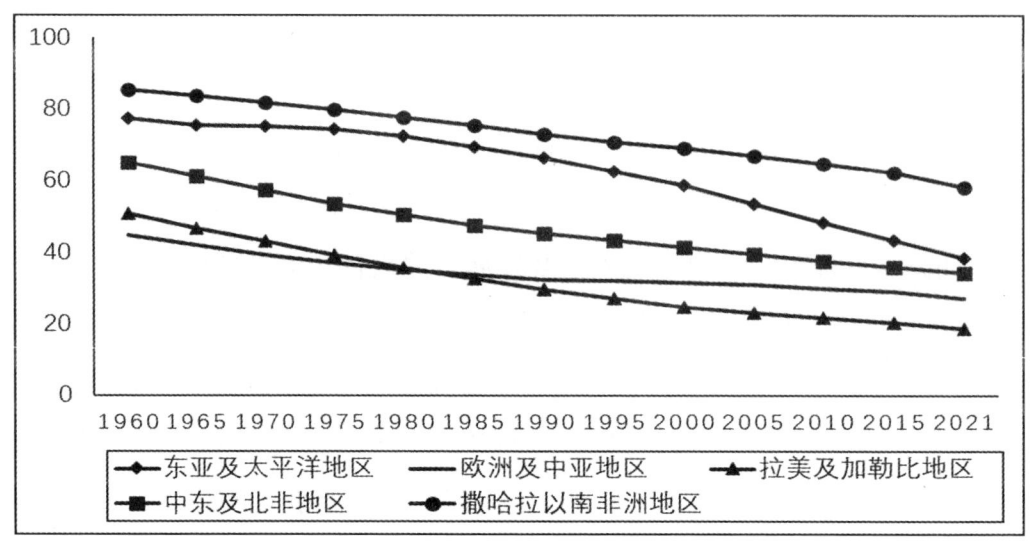

图1-3 世界五大地区乡村人口占比（%），1960-2021

从世界乡村人口的空间分布来看，2021年乡村人口占总人口比例较高的国家主要集中在亚洲及非洲，尤其是南亚、中非及东非地区，乡村人口占比高达60%以上。欧洲、美洲、大洋洲地区以及北非部分国家乡村人口占比较低，平均不足35%，这些地区保持着较高的城市化水平。作为世界新兴市场代表的金砖国家，在快速的工业化、城市化进程中同样经历了乡村人口占比减少的问题。在1960至2021年间，俄罗斯乡村人口占比减少了45.83%，中国为55.26%，印度为21.28%，南非为39.77%，而巴西乡村人口占比减少幅度更高，达到了76.45%，成为全球乡村人口占比降幅最大的地区。

2.2 人口就业变化

随着世界乡村人口占比的减少，在第一产业（农业、林业、渔业、畜牧业和采集业）的就业人口占比也相应降低。根据世界银行数据，全世界第一产业的就业占比由1991年的41.85%降到了2019年的27%，降幅达35.48%。同时，第一产业对国内生产总值的贡献率也由1995年的8.70%降到2019年的3.95%，降幅达54.60%。

伴随着第一产业产值贡献率的降低，其所吸纳的劳动力也相应减少。如表1-1所示，在1991至2019年间，世界五大地区第一产业的就业人口占各地区总就业人口的比例均有所下降。其中，东亚及太平洋地区的降幅最大，达到53.73%，撒哈拉以南非洲地区降幅最小，为16.32%。截至2019年，欧洲及中亚地区第一产业就业人口占比最低，为7.91%，说明该地区的人员就业主要集中在第二、第三产业领域。撒哈拉以南非洲地区第一产业就业人员占比水平最高，为52.91%，说明该地区农业仍然为人口就业的主要领域，这也印证了图1-3所示的撒哈拉以南非洲地区仍然为乡村社会、农业产业为主的经济社会状态，其他四个地区处于以城市社会、非农产业为主的经济社会状态。

表1-1 世界五大地区第一产业就业人口占比（%），1991-2019

年份 地区	1991	1995	2000	2005	2010	2015	2019
东亚及太平洋地区	50.03	45.75	45.52	39.39	32.87	28.15	24.77
欧洲及中亚地区	15.54	15.19	14.86	12.46	10.46	9.33	7.91
拉美及加勒比地区	21.51	20.66	17.18	17.01	16.55	15.60	13.51
中东及北非地区	25.55	25.36	24.02	22.77	18.71	17.37	14.72
撒哈拉以南非洲地区	58.78	58.82	58.11	57.30	56.65	55.00	52.91

农业机械化的快速发展、现代农业耕作技术的提升、农业比较效益的降低，使得大批乡村劳动力得以解放，转而进入到城市从事获利更高的非农产业。在1980至2000年间，美国中部地区有700多个农业县减少了10%以上的人口（Wood，2008）。根据国家统计局的统计数据，在1995至2022年间，中国乡村就业人数处于持续下降的状态，尤其是进入21世纪以后下降速度更为明显。在此期间，乡村就业人数由4.9亿人减少到2.7亿人（中国统计年鉴，2022）。迫于生计的压力，中国的外出农民工数量则在不断增加，由2008年的1.4亿人增长到2021年的1.72亿人（图1-4）。

注：乡村就业人数指16周岁及以上，从事一定社会劳动并取得劳动报酬或经营收入的人员，包括：职工、再就业的离退休人员、私营业主、个体户主、私营企业和个体就业人员、乡镇企业就业人员、农村就业人员、及其他就业人员。外出农民工是指在户籍所在乡镇地域外从业的农民工。

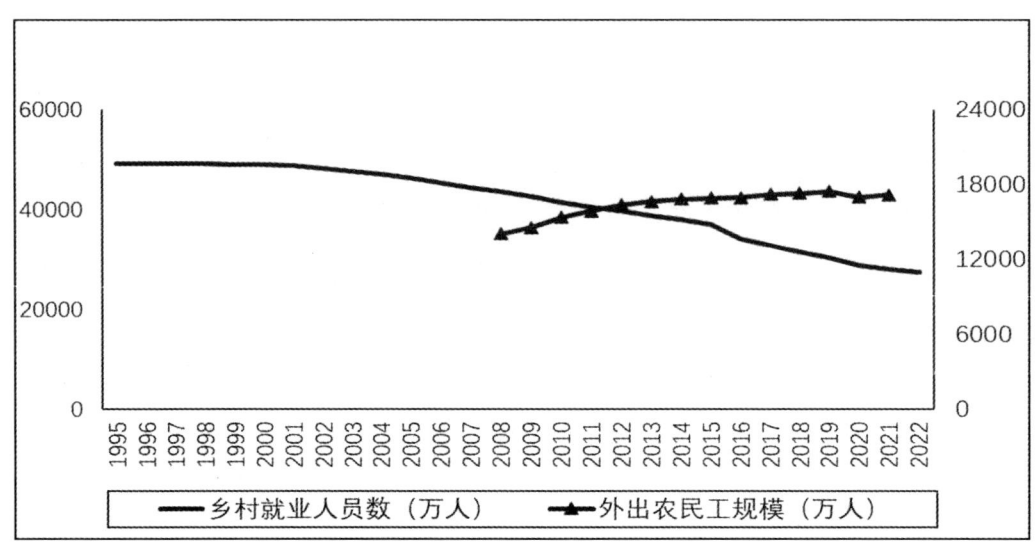

图1-4 中国乡村就业人数及外出农民工数量变化，1995-2022

2.3 粮食生产变化

根据世界银行统计数据，世界人均粮食产量由1961年的241.12千克增长到2014年的387.74千克，增长了60.8%。由此可知，在过去半个世纪的时间里，在第一产业就业人数减少、耕地面积增长缓慢的情形下，世界粮食产量、单产、人均粮食产量均有显著的增长，说明农业技术提升、农业生产条件改善、农业机械化发展等因素极大助推了农业生产效益，提高了世界粮食保障水平。

根据图1-5所示，在1961-2014年间，世界五大地区的粮食单产数量总体保持了持续增长的趋势。其中东亚及太平洋地区、拉丁美洲及加勒比地区的粮食单产增长显著，分别增长了2.5倍和2.28倍。粮食单产增速较缓的是撒哈拉以南非洲地区，由1961年的805.84千克/公顷增长到2014年的1451.7千克/公顷。截至2014年，东亚及太平洋地区的粮食单产量为4958.46千克/公顷，是撒哈拉以南非洲地区粮食单产量的3.42倍，差距十分明显。

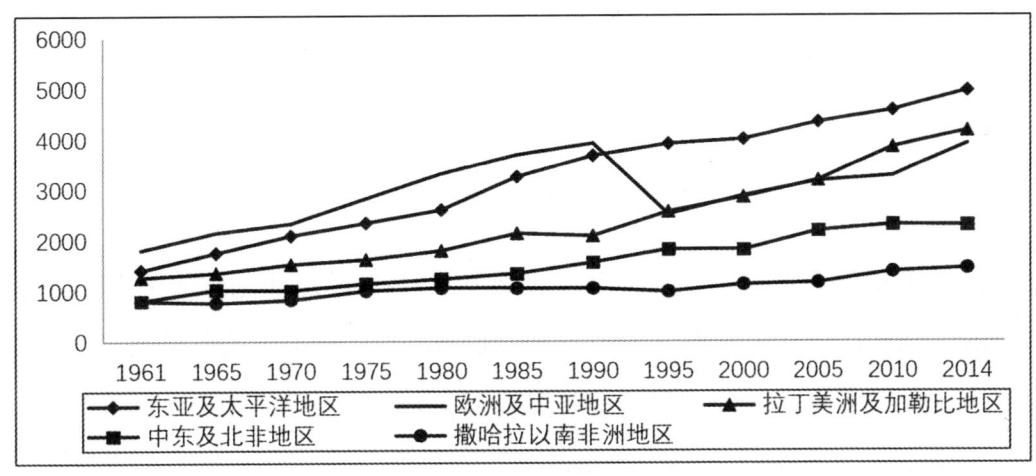

图 1-5　世界五大地区粮食单产量（千克/公顷），1961-2014

根据图 1-6 所示，在 1961-2014 年间，世界五大地区的人均粮食产量表现为小幅波动中增长与低水平徘徊两种趋势。欧洲及中亚地区、东亚及太平洋地区、拉丁美洲及加勒比地区的人均粮食产量在经历小幅度波动后均有增长，其中欧洲及中亚地区的增长尤为明显，由 1961 年的 209.08 千克/人增长到 2014 年的 657.42 千克/人，增长了 2.14 倍。然而，中东及北非地区、撒哈拉以南非洲地区的人均粮食产量始终处于低水平徘徊的状态，分别由 158.96 千克/人降到 158.72 千克/人，由 163.05 千克/人降到 155.27 千克/人，变动不明显。截至 2014 年，人均粮食产量最高的欧洲及中亚地区是人均粮食产量最低的撒哈拉以南非洲地区的 4.23 倍，差距较为显著。

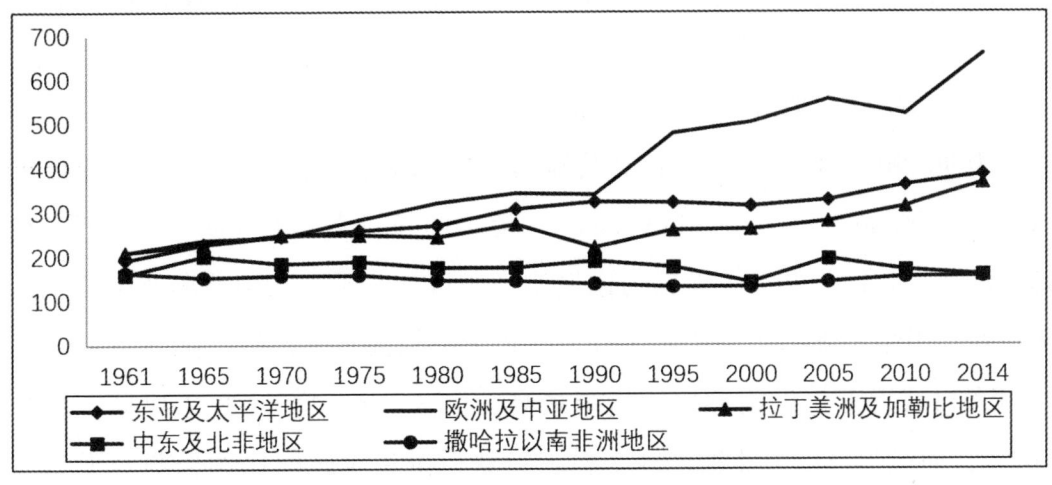

图 1-6　世界五大地区人均粮食产量（千克/人），1961-2014

2.4 公共服务变化

根据世界银行统计数据，在 1990-2020 年间，世界范围内获得电力供应的乡村人口占全世界乡村总人口的比例由 61.64% 增长到 82.5%，增幅达 33.84%。在此期间，东亚及太平洋地区、欧洲及中亚地区、中东及北非地区乡村人口获得电力供应的比例均高于世界水平（图 1-7）。其中欧洲及中亚地区乡村人口获得电力供应的比例处于较高水平，进入 21 世纪以来，该地区乡村人口的电力供应达到 100% 全部覆盖。而撒哈拉以南非洲地区乡村人口获得电力供应的比例长期处于较低水平，由 1991 年的 8.26% 增长到 2020 年的 28.5%，而且与世界其他四个地区的乡村电力供应水平相差较大。

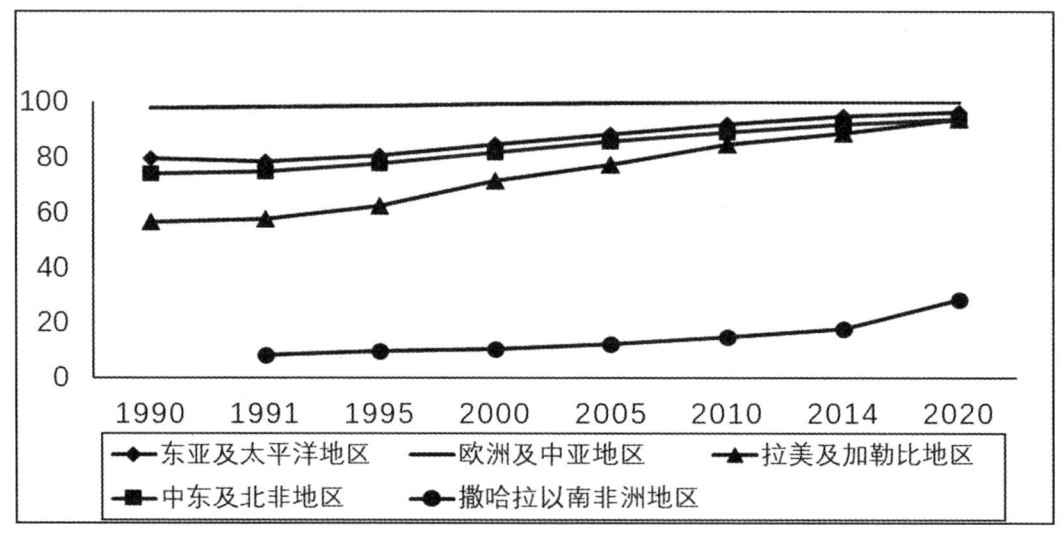

图 1-7 世界五大地区乡村人口获得电力供应的比例（%），1990-2020

在 1990-2020 年间，获得卫生设施的乡村人口占世界乡村总人口的比例由 34.16% 增长到 66.00%，增幅达 93.21%。除撒哈拉以南非洲地区外，世界其他四个地区的乡村人口获得卫生设施的比例均高于世界水平，其中欧洲及中亚地区乡村人口获得卫生设施的比例长期保持 80% 以上的较高水平，拉丁美洲及加勒比地区乡村人口获得卫生设施的比例增幅最高，由 36.36% 增长到 72.00%，增幅达 98.02%，而撒哈拉以南非洲地区乡村人口获得卫生设施的比例长期处于 20% 左右的较低水平，与世界其他四个地区的乡村卫生设施建设水平具有较大差距（图1-8）。

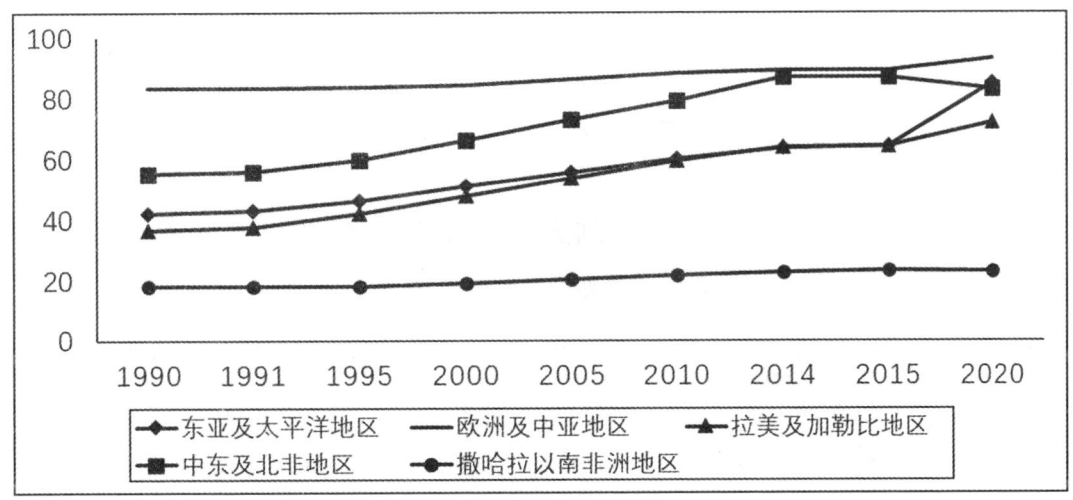

图1-8 世界五大地区乡村人口获得卫生设施的比例（%），1990-2020

在1990-2020年间获得饮用水的乡村人口占世界乡村总人口的比例由62.17%增长到82.5%，增幅达32.70%。除撒哈拉以南非洲地区外，世界其他四个地区的乡村人口获得饮用水的比例均在60%以上，其中欧洲及中亚地区乡村人口获得饮用水的比例长期保持在90%以上的较高水平，而撒哈拉以南非洲地区在2005年以后才有超过半数的乡村人口获得饮用水，与世界其他四个地区乡村人口获得饮用水的比例具有显著差距（图1-9）。

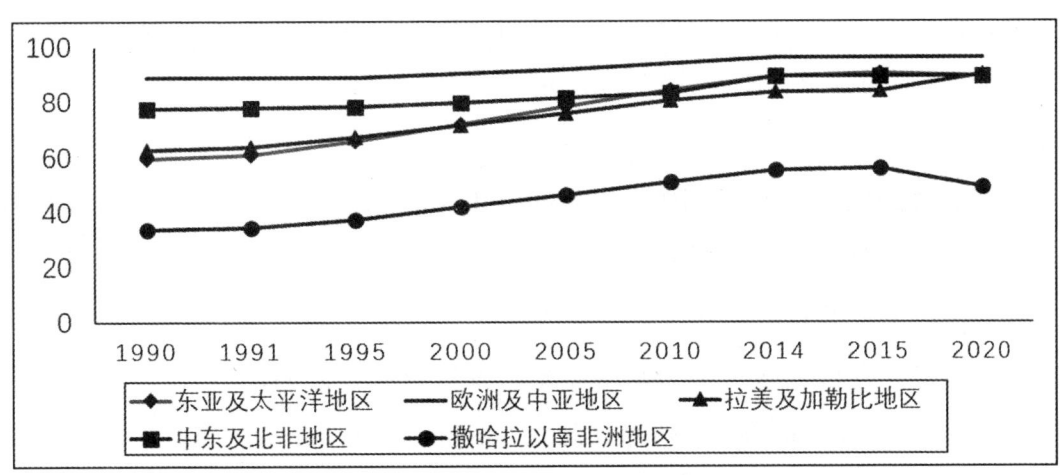

图1-9 世界五大地区乡村人口获得饮用水的比例（%），1990-2020

第三节 乡村发展态势与挑战

3.1 乡村衰退的全球性趋势

伴随着人类社会由农业经济向工业经济、知识经济演进，乡村发展不断受到各种风险与挑战的冲击，尤其在快速城市化进程中人口外流由此导致的乡村衰退问题已成为全球性趋势（Liu and Li，2017）。回顾世界发展历程，由于城市与乡村、工业与农业的关系处理不当，产生了一系列问题，比如在20世纪初期英国出现的较为严重的城市过密问题，在20世纪50-60年代瑞典、日本、韩国出现的乡村衰退、农村过疏、农村原有传统文化、伦理和秩序受到冲击问题，以及进入新世纪以来中国日益显现的农村空心化问题（陈为，1999；焦必方，2004；陈晓华等，2005；刘彦随，刘玉，2010；Li et al.，2016）。在20世纪70年代，以鼓励城市富裕阶层回归并享受乡村田园生活的乡村复兴运动（rural renaissance）逐渐兴起（Champion，1988），并延伸到美国（Nelson et al.，2010）、英国（Phillips et al.，2008）、澳大利亚（Gibson et al.，2005）、新西兰（Freeman et al.，2008）、瑞典（Borgegård et al.，1995；Westlund，2002）、西班牙（Solana-Solana，2010）等发达国家，促进了乡村地区的人口增长。然而，由于广大发展中国家城市化、工业化发展仍以牺牲乡村地区为代价，最终导致了乡村衰败、空心化等问题（Westlund，2014）。

早在20世纪60年代，美国学者Thomas L. Anding和Neil C. Gustafson（1969）在国家都市联盟会议演讲中以乡村复兴（rural revival）为题首次提及了美国乡村地区人口流失引发的衰退，并强调需要通过乡村更新（rural renewal）以及区域性措施来创建提升乡村生活水平的制度体系与发展机制。之后国内外学者用行将消亡的社区（dying community）、边缘社区（marginal community）、空心化（hollowing out）、农业荒废（Agricultural abandonment）、空废地区（vacating places）、腐朽的村庄（decaying villages）等不同词汇阐述了不同发展背景下的乡村衰退问题，揭示了乡村劳动力短缺、本地市场萎缩、就业机会减少、土地撂荒、生活质量降低等问题（Gallaher and Padfield，1980；张昭.1998；MacDonald et al.，2000；Ono，2008；Carr and Kefalas，2009；Koning et al.，2021；Janus et al.，2022）。

21世纪以来，西方发达国家乡村在更高程度上参与了人员、资本、制度、文化等要素的全球性流动与分配，加上虚拟网络的普及进一步模糊了地域边界，本地与非本地的联系更加紧密。全球性力量和地方性实践在网络中相遇和混杂，创造出新的形式与特征，乡村的意义被重新建构；气候变化和食品安全等全球问题也凸显了乡村地域的独特功能。西方发达国家的乡村由原来的地方性多功能进入全球化的大框架，成为全球乡村（global countryside）。全球乡村被重新定位为两个新的和完全不同的场景，一些乡村社区从外来投资、行政集中或旅游胜地的发展中获得利益，而另一些乡村社区却日益走向衰落。

乡村衰退通常发生在以农业或林业生产为主，且远离城市的广大偏远地区（Westlund，2018），其诱因具有多样性特征。例如，1980-2000年美国中部地区700个农业县平均流失了10%的人口，这些人多为20岁左右的年轻人。2000-2003年间美国艾奥瓦州乡村地区减少了30000个制造业岗位，占到了该州就业总数的10%以上，进一步加剧了乡村劳动力流失与本地市场萎缩（Carr and Kefalas，2009）。笔者于2019年7月21-26日访问了美国明尼苏达州、威斯康辛州的众多农场，经过交流后发现很多农场主的一个担心就是"现在的年轻人对农业不感兴趣，都喜欢去大城市生活。当我们退休后谁来经营农场呢？"，直观反映了美国乡村地区由于青年人口流失所处的尴尬境遇（图1-10）。

根据国家统计局的统计数据，在1995至2021年间，中国乡村就业机会处于持续下降的状态，尤其是进入21世纪以后下降速度更为明显。在此期间乡村就业人数由4.9亿人减少到2.79亿人（国家统计局，2022）。迫于生计的压力，中国农民工数量不断增加，由2008年的2.25亿人增长到2021年的2.91亿人，其中外出农民工数量由1.4亿人增长到1.72亿人[①]。乡村人口外流进一步导致了农村空心化现象蔓延，降低了乡村发展活力（刘彦随等，2009）。

---

① http://www.stats.gov.cn/sj/zxfb/202302/t20230203_1901452.html

图 1-10　作者在美国明尼苏达和威斯康辛州开展乡村调研

近年来，老龄化、少子化成为日本面临的最大社会问题。2018年，日本新生儿数量跌破了100万（只有91.8万个婴儿出生），为有统计以来的最低水平。自此后的几年间，日本出生婴儿数量持续减少，相继跌破90万、85万、80万人，引发了广泛关注。据日本国立社会保障与人口问题研究所估算，自2030年起，日本所有都道府县的人口都将减少。到2045年，7成市区町村的人口减少率（与2015年相比）将超20%，成为实质意义上的"鬼城"、"鬼村"②。不少地方政府甚至出台政策，免费赠送过剩乡村房屋，但收效甚微，难以扭转乡村或城镇衰退的趋势。

3.2　全球化与乡村发展

20世纪末至21世纪初，西方国家迈入以技术创新、社会现代化、环境问题的全球共识为驱动的全球化深入发展阶段。技术进步所形成的"时空压缩"快速推动全球化；社会现代化让阶级和种族的不同不再重要，间接促进了不同类型移民的全球性流动；环境问题的全球共识让食品安全提升到重要位置。正在持续深入发展的全球化一方面推动了资本和劳动力的全球性流动，另一方面也推动了世界主义观念的形成。西方国家资本在全球乡村寻求新市场、更廉价的资源和生产场所以及新的投资机会，促进了乡村经济基础的重新配置；全球流动性的增强使国

---

② https://www.sohu.com/a/351673354_313745?spm=smpc.home.top-news3.2.1572917990743CuvEml9

际移民向西方国家乡村地区和小城镇转移，解决了乡村经济劳动力短缺问题。全球化推动了全球化乡村的形成，全球化乡村根植于日常实践，并由个人的行为与态度所促进，其中一些人利用他们的世界主义主观经验进行跨文化交流和频繁互动，成为横向推动者，同时游客也在全球乡村范围内寻找新的目的地和体验地。

全球化促进了乡村主体多样化和地域空间扩大化，推进了西方国家乡村重构进程，促进了全球化乡村的诞生，让西方国家乡村产生了具有能见度很高的全球化标志——全球商品链建立（即全球农业食品体系建立和发展）、自然资源商品化、劳动力的全球性流动以及新环境景观的产生。全球化发展、现代通讯技术提升及交通设施的改善，使得连接世界各地区的社会、经济和政治纽带关系得以繁衍、延展和加强。全球化加速了生产要素在世界范围内的自由流动和优化配置，在为世界各国带来发展机遇的同时，也使得一些发展中国家在全球化中被边缘化。在全球化背景下，乡村地区经济和社会发展的本土化特征在减少，更加具有全球化色彩。全球化为乡村地区带来了多方面、综合性影响（Long and Woods，2011），信息通讯技术的发展及交通系统的改善扩大了乡村地区对外交流广度与深度，带来了新的发展机会，同时也对乡村本地产品、就业及文化等造成了冲击（龙花楼，张杏娜，2012）。

随着世界全球化进程的不断深入，乡村与城市的经济、社会联系愈加紧密，城乡间的界限愈加模糊（McGee，1991；Davoudi and Stead，2002）。乡村地区不断受到贸易、投资、信息、文化习俗等因素的影响，乡村发展依赖多重内外部关系而展现其自身特殊性。例如，2008年以来全球"土地攫取"（land grabbing）现象的出现，越来越多的国家开始进行国际土地投资，如中国在俄罗斯、巴西、澳大利亚和非洲等国进行了土地投资，这种现象的出现与国际粮食安全和粮食价格上涨有密切关系，也直接导致了被投资地区乡村生产及生活方式的转变。此外，融入到全球贸易格局中的农地经营者在全球经济与其所在的农业社区间扮演着重要的纽带作用，也通过全球化与地方参与主体等因素助推了全球乡村重构（Woods，2007）。

随着国外大量质优价廉的粮油产品的涌入，传统农业面临着前所未有的冲击和振荡。尤其是国际大型跨国农业企业的进入，凭借其在资本、技术、管理、营销等方面的优势对发展中国家农业产业化经营，特别是农副产品加工企业造成强劲冲击。在全球化农业生产中，独自经营的农场逐渐被大型农业公司所取代（Higgins，2006）。乡村地区一些非农产业生产工艺落后，产品技术含量低，在国际贸易中受到绿色贸易、品质要求等因素影响，难以与国际同行业企业进行竞争，致使乡村地区产业转型升级举步维艰。同时，发展中国家利用廉价劳动力的优势大力发展劳动力密集型产业，使其产品在国际市场上具有竞争力，这也导致发达国家劳动力密集型企业的外迁或关闭，就业机会减少。此外，一些跨国公司将淘汰的技术设备、生产工艺以及高污染密集产业等转移到发展中国家，尤其是环境监管薄弱的城郊、乡镇地区，导致了乡村地区生态环境污染与破坏。

3.3 气候变化对乡村的影响

随着全球气候变化的不断加剧，乡村发展也相应面临着前所未有的巨大挑战和机遇。乡村与自然资源和环境关系极为密切，对气候变化的感知最为直接和敏感。同时，乡村作为人类社区的主要形式之一，经济发展水平较低、公共基础设施不完善、环境管控能力较弱，易受到各种内外扰动，气候变化在不同维度上影响着乡村的可持续发展（汤礼莎等，2023）。

气候变化对乡村地区的生态环境造成了直接的负面影响，极端天气引发泥石流、滑坡等自然灾害，对农村地区的土地和植被造成破坏，使其更加脆弱。除此之外，气候变化还威胁到以旅游业为基础的乡村振兴举措。旅游业作为促进发展中国家农村地区经济发展的一种重要产业，在各国政府中得到了广泛的欢迎，特别是在那些拥有稀有野生动植物物种和引人注目的景观的地区，吸引了外国游客和自然资源保护主义者（Spenceley，2010）。然而，以旅游为基础的发展极易受到气候变化和极端灾害天气冲击的影响（Hall et al.，2013）。例如，对马来西亚的一项研究发现，灾难性的洪水对旅游住宿设施和景点造成破坏，而游客人数的减少导致了旅游收入的严重下降，从而对依赖旅游业的当地农户生计产生了负面影响（Hamzah et al.，2012）。

相对于高度人工化的城市地区，乡村地域辽阔，是农业发展的重要场所。农业是对气候变化最敏感的产业之一。由于极端气候事件的频繁发生，一些地区的干旱、洪涝等自然灾害给农业生产带来了严重的损失。同时，气候变化还会导致病虫害的扩散和变异，增加农作物的病害风险，导致作物产量减少、品质降低（Zhang et al.，2018）。此外，农业水资源缺乏也会影响作物的敏感性（Meng et al.，2016），特别是在干旱和半干旱地区。然而气候变化也为农业带来了新的机遇，例如在一些地区，由于气温升高，作物的生长季延长、生育期缩短、种植界线向高纬度和高海拔移动，产量增加，从而增加了农民收入（Zhang et al.，2013）。气候变化对作物的影响会间接影响粮食价格和农户的家庭收入（Bandara and Cai，2014）。

此外，乡村人口的身心健康也会受到气候变化的影响。由于地形和经济发展水平的差异，许多农民长期生活在受自然灾害威胁的地区，这意味着它们在极端天气条件下更容易遭受灾害（Xu et al.，2017）。除了直接造成人员伤亡，疟疾、痢疾和霍乱等疾病预计将增加，可能导致受影响人口的生产力下降和收入损失。除了身体上的伤害，气候变化还影响心理健康。对心理健康和福祉的影响可能包括个人经历极端事件造成的损失或伤害，产生心理阴影或恐慌，以及对未来潜在的不利因素感到压力和焦虑（Leichenko and Silva，2014）。

3.4 数字经济与乡村发展

数字经济是以数字知识和信息为关键生产要素，以现代信息网络为重要载体，以信息通信技术的有效利用为重要驱动力，以提高效率和优化经济结构为目的的一系列经济活动。近年来，农村数字经济逐渐成为农业农村发展的新动力（Godin et al.，2020）。数字技术逐渐从城市扩展到农村，引起了许多国家的关注。欧盟2017年启动了"智慧乡村"行动，旨在通过数字化和社会创新加快欧盟农业和农村发展，释放乡村发展活力，提高农民生活质量；2015年7月，莫迪政府提出了"数字印度"倡议（Zavratnik et al.，2018），这一倡议聚焦于发展电子政务、远程医疗和移动医疗服务、加强网络基础设施建设、让印度广大的农村人口也能接入互联网。2001年，韩国制定了"信息网络村"项目（Lee et al., 2013），旨在开发和利用信息资源，为被信息化排斥的农村地区构筑起超高速互联网环境，增加农村居民收入，进一步改善农村居民生活质量，有效缩减城乡发展差距。2018年以来，中国政府陆续出台《数字农村发展战略纲要》、《数字农业农村发展规划（2019-2025年）》、《数字乡村建设指南1.0》等政策规划，"数字乡村"成为乡村振兴的战略方向，旨在为新时代各地农业农村现代化提供新的发展路径和总体思路（Tian et al., 2023），通过数字技术与农业农村发展深度融合，实现农村生产科学化、治理数字化、生活智能化、服务便民化，促进农村产业兴旺、生态宜居、乡风文明、治理有效、生活富裕（Du et al., 2022）。

数字为农民的生活形态赋能，使农民的生活更加便捷，集中体现在生产、交通、购物、就医等农村生活的方方面面。首先，数字技术可以准确获取农业生产数据，促进农业精准管控，实现农业生产和农业经营的数字化、透明化，以提高农业全要素生产率（Souza et al., 2021）。以美国和加拿大为例，两国将数字技术融入农业产业，拓宽和延伸农业产业链条，推动了农村一二三产业深度融合和农业产业体系优化（刘丽伟，高中理，2016）。其次，以物联网技术为支撑的线上信息平台，打破地域限制，扩大农产品销售渠道，降低了流通成本，增加了流通效率，提升了农产品竞争力（王胜等，2021）。同时，数字技术能够帮助农村居民实现广泛便捷的市场接入，创造更多就业和经营机会（殷浩栋等，2020）。第三，数字经济打破了原有的社会、关系、地缘结构，重塑了乡村治理格局，拓展了多元参与乡村治理的新途径和新手段，实现了治理的数字化（Philip and Williams, 2019）。第四，数字化助力乡村文明建设，使农民有更多渠道接触外部世界、学习现代信息技术，这有助于提升农民的数字化素养。数字技术嵌入乡村公共空间和公共设施，形成智慧、田野综合体、特色小镇等新兴产业（Feng and Zhang, 2022）。另外，数字技术拓宽了学生获取知识的渠道，促进了城乡教育均衡公平，实现了优质医疗资源的向下共享，促进了城乡医疗均衡（Citrin et al., 2018）。

当前，推进数字乡村建设是全球信息化发展的大势所趋，但在实践中仍面临诸多严峻挑战。一是乡村基础设施建设薄弱，城乡数字鸿沟存在。数字乡村建设需要依赖于先进的通信设施和基础设施，越是地处偏远、人口稀少的农村，其信息化基础设施普遍落后。比如在英国，有一小部分远离大城市的农村居民和企业因设施成本问题，仍旧无法获得固定的互联网连接（Philip et al., 2016）。在一些发展落后的乡村地区仍然存在数字鸿沟，农村人口的数字素养水平低，数字技术应用程度不高，难以参与数字经济的发展（郭晓云，2023）。二是人才技术不足，资金保障不够。数字乡村建设离不开人才支撑。从当下乡村社会来看，乡村人口结构与村民信息化素质还难以适应数字乡村建设的需要。数字乡村建设需要长期不断投入，资金需求量大，但从目前情况来看，无论是政府财政投资还是民间资本投资均存在资金投入不足的情况，而这将影响着数字乡村的建设进程（王胜等，2021）。三是数字乡村建设的顶层设计和政策体系不够完善。在数字乡村建设过程中，需要通过顶层设计"自上而下"构建政策体系从而为任务完成提供制度保障。然而，由于部分国家数字乡村建设刚起步，缺乏经验的积累，政策的顶层设计不够系统和完备，缺乏涉及数字乡村在不同领域和不同地区的政策配套设施。

第二章 中国城乡关系演进与百年乡村建设

作为世界人口大国、传统农业文明大国，正确处理和发展城乡关系对于中国经济社会发展具有至关重要的作用，也是国家发展进程中的重大战略问题。自新中国成立以来，伴随着正确认识城乡关系、深入总结城乡发展规律、科学指引城乡发展方向，在一系列制度设计与政策影响下，中国经历了由计划经济向市场经济转型，实现了快速城镇化、工业化进程，城乡关系也剧烈变化，城乡二元结构向城乡一体化、融合发展逐渐演进，并极大促进了乡村发展。在此过程中，乡村建设内涵不断丰富，发展的阶段性特征凸显。本章解析了新中国成立以来中国城乡关系的演进脉络，从过往百年梳理了中国乡村建设历程，为深入认知新时期提出的建设宜居宜业和美乡村奠定基础。

第一节 新中国成立以来的城乡关系

随着历史的变迁和社会经济的发展，城乡要素之间流动的方向与强度不断变化，城乡要素之间的状态及其差异不断调整，城乡地域功能不断革新，从而使得城乡之间相互影响、相互依赖的关系不断发生演化中国有关城乡关系及其理论的研究主要基于马克思主义的城乡关系理论展开，形成了具有中国特色的城乡关系思想，城乡关系的内涵由"城乡二元结构"、"统筹城乡经济社会发展"、"城乡发展一体化"向"城乡融合发展"演进，贯穿了中国革命、建设、改革开放和建设社会主义现代化国家的整个历程。

1.1 计划经济时期

新中国成立之初，百废待兴，为了快速实现由落后的农业国向发达的工业国的转变，政府选择了重工业优先发展战略，建立独立完整的工业体系、确保国家安全成为当务之急。重工业是典型的资本密集型产业，依靠国内工业自身的积累根本无法满足资金需求，在当时的国内外环境下，集中农业剩余成为唯一的选择。随后，政府在农村建立起一套与之相适应的计划配置和管理办法，加剧了城乡分治与二元结构（林毅夫等，1994；李周，2008）。在经济发展上，政府通过对农村粮食的统购统销和农产品价格管制，形成了工农产品价格剪刀差，向工业和城市贡献了大量资金，保证了城市的稳定和发展。在社会管理上，1958年实施《中华人民共和国户口登记条例》，正式建立起城乡二元的户籍管理制度，农村向城镇的人口迁移被严格控制，医疗、养老、退休等福利保障只为城镇居民提供，农村社会福利主要通过生产队、大队和人民公社等集体来实施，政府提供给农民的福利非常有限，与户籍相挂钩的城乡居民福利差距明显。在城乡建设方面，政府实行偏向城市的建设投入机制。政府资金主要用于城市建设，农村获得政府建设投入的数量极为有限。"一五"至"五五"时期，全国工业基本建设投资的比重远远高于农业，重工业与农业的投资比为5.1∶1（董志凯，2007）。在计划经济时期，以重城轻乡为特征的城乡二元体制扭曲了城乡关系，严重制约了乡村发展，导致了不断拉大的城乡发展差距。

1.2 改革开放时期

自1978年改革开放以来，通过向农民赋权和推动市场化改革的方式，中国逐步打破了城乡二元经济体制，在一系列制度创新的影响下，计划经济时期扭曲的城乡关系不断得到纠正，新型城乡关系得以重塑。根据不同时期中央政府制定的城乡发展策略，可以把1978年至今的城乡关系演进过程划分为三个阶段：城乡二元结构调整阶段（1978-2002）、统筹城乡发展阶段（2002-2012）、城乡融合发展阶段（2012-至今）。

(一) 城乡二元结构调整阶段 (1978-2002)

1978年，中共十一届三中全会拉开了改革开放的大幕。按照"先农村，后城市"的思路，八十年代初期中央连续发布关于农业农村农民"三农"问题的"一号文件"，促进了农村发展，激发了广大农民的积极性和创造性，农村生产力得到释放，土地产出大幅增加。1983年，中央1号文件指出"联产承包制采取了统一经营与分散经营相结合的原则，使集体优越性和个人积极性同时得到发挥"，标志着家庭联产承包责任制作为农村改革的一项战略决策的正式确立。家庭联产承包责任制将农民彻底从人民公社体制中解放出来，弱化了政府对农村经济活动的控制，加强了农村社区和农民的自主权。重新确立家庭经营在农业生产中的主体地位，改善了农业生产的内部激励机制。与此同时，政府还放开粮食市场并提高农产品的收购价格，通过"让利"对农民的农业生产行为形成外部激励。1982-1984年全国粮食年均产量增长近9%，此后即使年产量有所波动也能稳定在4亿吨左右，基本解决了全国多数地区的粮食问题。

随着家庭联产承包责任制的普遍实行，党和国家的农村工作重心从生产组织形式转移到农村市场构建与保障上来。1984年，党的十二届三中全会通过了《中共中央关于经济体制改革的决定》，确定了经济体制从计划经济向商品经济的重大转折。1985年1月，中共中央、国务院印发《关于进一步活跃农村经济的十项政策》，决定除个别特需品种外，国家停止向农民下达农产品统派购任务，农产品放开多渠道经营。此后，以农村为空间载体的农产品市场机制逐步建立起来，并不断完善。1987年，中央提出《把农村改革引向深入》，将经济体制改革引向农村，并从多方面探索农村市场的完善路径。1991年，党的十三届八中全会通过的《中共中央关于进一步加强农业和农村工作的决定》首次提出建设有中国特色的社会主义新农村，肯定了改革开放十多年来的农村经济体制改革的成果。1996年颁布了《中华人民共和国乡镇企业法》，"社队企业"正式改称"乡镇企业"，允许乡镇、村里、家庭或家庭联合四种组织申办集体企业，即"四轮驱动"。自此，乡镇企业有了正规的法律规定保证其平稳运行。

随着《关于进一步活跃农村经济的十项政策》、《国务院关于进一步搞活农产品流通的通知》、《中共中央关于进一步加强农业和农村工作的决定》等相关政策文件的陆续出台，我国于1995年取消了30多年来的统购统销制度，开放各类农产品的经营，打破地区封锁，促进乡镇企业发展，逐步建立和完善农村的市场体制。在这一时期，粮食经营和价格实行"双轨制"，对生产者有粮食收购保护价格制度和粮食风险基金制度确保生产意向。面向市场，国家也组建了农业政策性银行，主营农产品收购资金，进一步优化流通过程。这一时期我国粮食总产量持续增长，粮食和重要农产品的供给实现了由长期短缺到总量基本平衡、丰年甚至有余的历史性转变。1996年，我国粮食总产量达到1万亿斤，人均首次超过400公斤，也是首次超过世界平均水平。

1998年，十五届三中全会通过了《中共中央关于农业和农村工作若干重大问题决定》，将农村改革与城市改革放在一起全局考虑。进入新世纪，中央继续完善和稳定以家庭联产承包责任制为主要组成的农村经营体制，出台了《中共中央、国务院关于做好2001年农业和农村工作的意见》等文件。其中，2002年8月颁布的《中华人民共和国土地承包法》，首次以法律形式明确了耕地30年承包期不动摇，为之后一系列农业结构调整奠定了重要且稳定的制度基础。

改革使城乡二元体制逐步松动，城乡关系出现重大调整。城乡要素加速自由流动，资源大幅度向城市倾斜，农村剩余劳动力流入城市，为城市发展创造了巨大人口红利，农用地转为非农用地使城市获得农用地转用的土地增值红利，城市迅速繁荣，农民继续以农业税的形式对城市发展作出了巨大贡献，大量的资金要素从农村单向流入城市，城乡要素配置不均，进一步拉大了城乡差距。

（二）统筹城乡发展阶段（2002-2012）

进入21世纪以后，中国经济持续快速增长，综合国力不断增强，初步具备了工业反哺农业的条件。这一时期统筹城乡战略思想得到确立，农业农村政策实现了由"取"到"予"的转变，极大协调了城乡关系。从2000年开始，政府逐步推行农村税费改革，从制度上减轻农民的税费负担。2002年，党的十六大报告明确将"统筹城乡经济社会发展"作为解决城乡二元结构问题的基本方针。2003年，党的十六届三中全会提出"五个统筹"的要求，并将"统筹城乡发展"列为五个统筹之首。2005年，党的十六届五中全会确定"建设社会主义新农村"的重大历史任务，赋予了社会主义新农村"生产发展、生活宽裕、乡风文明、村容整洁、管理民主"的新内涵和目标要求。2005年10月，中央进一步提出我国总体上已到了以工补农、以城带乡的发展阶段，实行"工业反哺农业、城市支持农村"的方针，加快了农业农村发展。2007年，党的十七大提出"统筹城乡发展，推进社会主义新农村建设"。自此，我国的农村发展正式进入以"新农村建设"为主要政策目标的新阶段。2008年，十七届三中全会通过了《中共中央关于推进农村改革发展若干重大问题的决定》，明确提出2020年农民人均纯收入比2008年翻一番的农村改革发展基本目标。这一阶段，政策思路强调"多予、少取、放活"，对农村发展的支持力度更大。

在这一阶段，政府通过加大对农业农村的直接投入来改善城乡关系。2000年提出粮食直补，2002年以后政府又陆续试点并出台了"四项补贴"政策（包括种粮直补、良种补贴、农机具购置补贴和农资综合直补），而且补贴的范围和规模持续增加。"四项补贴"资金规模从2002年的1亿元提高到2012年的1653亿元，补贴累计金额达到7631亿元。在财政涉农投入方面，2003年，政府提出"让公共财政的阳光逐步照耀农村"的方针，财政对农村公共服务的投入大幅度增加。1996-1998年，中央财政投入"三农"的资金始终没有超过1000亿元，2003年提高到了2144亿元，是1998年的2.2倍；2003-2012年，中央财政投入"三农"的资金保持21.5%的年均增长率（张海鹏，2019）。

2006年，政府开始实施农村义务教育经费保障机制改革，农村义务教育被逐步纳入公共财政保障的范围，九年义务教育得到全面普及，县域内义务教育均衡发展水平明显提高。2007年，政府开始在全国范围内建立农村最低生活保障制度，当年年底全就基本覆盖到所有的县。2009年，政府又开展了新型农村社会养老保险试点，到2012年基本实现了地域全覆盖。

家庭联产承包责任制在这一阶段继续稳定、完善。2008年，中共十七届三中全会通过《中共中央关于推进农村改革发展若干重大问题的决定》，允许农民以转包、出租、互换、转让、股份合作等形式流转土地，构建城乡统一建设用地市场，农民土地的承包经营权得到明确且充分的保障。在社会治理方面，国家努力构建"以工促农、以城带乡"的长效机制。一方面，城乡按相同人口比例选举产生人大代表，在制度上给予平等地位。另一方面，逐步推进城乡采取统一的户籍制度，方便进城农民落户、市民化，并在劳动报酬、住房租购、公共卫生、子女就学等方面保障进城农民工的合法权益，使进城农民工与城镇居民享有同等待遇。

（三）城乡融合发展阶段（2012-至今）

党的十八大以来，以习近平同志为核心的党中央高度重视城乡关系，多次强调要推进城乡发展一体化，是工业化、城镇化、农业现代化发展到一定阶段的必然要求，是国家现代化的重要标志；处理好工农关系、城乡关系，在一定程度上决定着现代化的成败；健全城乡发展一体化体制机制，是一项关系全局、关系长远的重大任务。2012年，党的十八大明确提出："解决好农业农村农民问题是全党工作重中之重，城乡发展一体化是解决'三农'问题的根本途径"。2013年，党的十八届三中全会进一步指出："城乡二元结构是制约城乡发展一体化的主要障碍。必须健全体制机制，形成以工促农、以城带乡、工农互惠、城乡一体的新型工农城乡关系，让广大农民平等参与现代化进程、共同分享现代化成果"。2017年，党的十九大明确提出"建立健全城乡融合发展的体制机制和政策体系"。在此背景下，户籍制度、城乡公共资源配置制度、土地制度等关键性制度改革取得历史性突破，城乡关系得到历史性改善，全面开启了构建城乡融合发展体制机制的新阶段。

首先，城乡二元户籍制度改革取得历史性突破。2014年，国务院颁布的《关于进一步推进户籍制度改革的意见》明确提出："进一步调整户口迁移政策，统一城乡户口登记制度，全面实施居住证制度，加快建设和共享国家人口基础信息库，稳步推进义务教育、就业服务、基本养老、基本医疗卫生、住房保障等城镇基本公共服务覆盖全部常住人口"。此次改革取消了农业户口和非农业户口的区分，统一登记为居民户口，消除了城乡居民自由迁移的制度障碍（刘金伟，2018）。2018年，全国31个省（区、市）全部出台户籍制度改革方案，城乡统一的户口登记制度全面建立。同时，各类城市对农业转移人口的落户管制逐步放开放宽，到2020年底，全国300万人以下人口城市总体放开了落户限制，有意愿的农业转移人口基本实现了在大多数超大特大以下城市的自由落户。2014-2019年，超过1亿人的农业转移人口成为城镇居民（王大伟等，2021）。

其次，城乡一体的公共资源配置机制加快建立。2014年，国务院《关于建立统一的城乡居民基本养老保险制度的意见》发布，开始"将新农保和城居保两项制度合并实施，在全国范围内建立统一的城乡居民基本养老保险制度"。当前，全国31个省（市、区）都已经建立了城乡居民基本养老保险制度，从制度上基本实现了社会养老保险的城乡统筹。2015年，国务院发布《关于进一步完善城乡义务教育经费保障机制的通知》，要求在整合农村义务教育经费保障机制和城市义务教育奖补政策的基础上，建立城乡统一、重在农村的义务教育经费保障机制。2016年，国务院发布《关于整合城乡居民基本医疗保险制度的意见》，要求"推进城镇居民医保和新农合制度整合，逐步在全国范围内建立起统一的城乡居民医保制度"。截至目前，所有省份基本建立起统一的城乡居民医疗保障制度。2019年底，我国城乡居民基本医保覆盖13.54亿人，基本养老保险覆盖9.68亿人，失业保险、工伤保险参保人数分别达到2.05亿人、2.55亿人。

三是城乡统一的建设用地市场逐步建立。农村承包土地、宅基地、集体经营性建设用地改革均取得重大进展，促进了城乡统一的建设用地市场建设。农村承包地所有权、承包权、经营权"三权分置"制度建立，稳定了家庭联产承包责任制，放开了农村土地经营权，促进了土地流转。农村宅基地所有权、资格权、使用权"三权分置"的改革探索不断深入，在保障农民合法居住权的基础上，赋予了农民更多财产权。农村集体经营性建设用地入市制度总体建立，截至2018年年底，农村集体经营性建设用地直接入市1.1万宗、10.6万亩，总价款290亿元，腾退零星闲置宅基地18万户、11.8万亩，农民财产权利得以实现。

进入21世纪以来，中央每年的一号文件持续聚焦"三农"领域，在不同的年代背景下，每年的中央一号文件各有侧重，准确把握保护农民物质利益、尊重农民民主权利、不断解放和发展社会生产力的改革主线，加速了城乡协调发展的历史进程，繁荣了农村经济，促进了农民增收，推动了农村社会发展，是我国城乡社会走向和谐发展、致力于共同繁荣的时代最强音。本文系统梳理了2004-2023年中央一号文件的名称及内容重点与导向（表2-1）。

表2-1　2004-2023年中央一号文件汇编

时间	文件名称	内容重点
2004年	《中共中央国务院关于促进农民增加收入若干政策的意见》	聚焦"农民增收"。加大农业补贴力度，促进农民收入较快增长，扭转城乡居民收入差距不断扩大的趋势。
2005年	《中共中央国务院关于进一步加强农村工作提高农业综合生产能力若干政策的意见》	聚焦"提高农业综合生产能力"，旨在解决农业投入不足、基础脆弱等问题。强调加强农业基础设施建设，加快农业科技进步，提高农业综合生产能力。
2006年	《中共中央国务院关于推进社会主义新农村建设的若干意见》	聚焦"社会主义新农村建设"，坚持以发展农村经济为中心，进一步解放和发展农村生产力；坚持"多予少取放活"的方针。
2007年	《中共中央国务院关于积极发展现代农业扎实推进社会主义新农村建设的若干意见》	聚焦"现代农业"，增"三农"投入力度、加快农村基础设施建设、推进农业科技创新，培育现代农业经营主体，夯实产业基础。
2008年	《中共中央国务院关于切实加强农业基础设施建设进一步促进农业发展农民增收的若干意见》	聚焦"农业基础设施建设"，巩固、完善、强化强农惠农政策，提升农业科技、人才、服务等支撑能力，提高农村生产和农村生活的基本公共服务水平。
2009年	《中共中央国务院关于2009年促进农业稳定发展农民持续增收的若干意见》	聚焦"农业稳定发展"，增加农业农村投入、农业补贴，增加对种粮农民直接补贴。现有土地承包关系保持稳定并长久不变。
2010年	《中共中央国务院关于加大统筹城乡发展力度进一步夯实农业农村发展基础的若干意见》	聚焦"统筹城乡发展"，健全强农惠农政策体系、提高现代农业装备水平、加快改善农村民生，推进城乡协调改革，加强农村基层组织建设。
2011年	《中共中央国务院关于加快水利改革发展的决定》	聚焦"水利改革发展"，加强农田水利等薄弱环节建设、全面加快水利基础设施建设、建立水利投入稳定增长机制、实行最严格的水资源管理制度、创新水利发展体制机制。

续表

时间	文件名称	内容重点
2012 年	《中共中央国务院关于加快推进农业科技创新持续增强农产品供给保障能力的若干意见》	聚焦"农业科技创新",推进农业科技创新、提升技术推广能力、发展农业社会化服务、加强教育科技培训。
2013 年	《中共中央国务院关于加快发展现代农业进一步增强农村发展活力的若干意见》	聚焦"现代农业",提出完善乡村治理机制,创新农业经营体系,要求加大农村改革力度、政策扶持力度、科技驱动力度。
2014 年	《中共中央国务院关于全面深化农村改革加快推进农业现代化的若干意见》	聚焦"农村改革",加强农村基层党的建设、健全基层民主制度、创新基层管理服务,推进"四化同步"发展。
2015 年	《中共中央国务院关于加大改革创新力度加快农业现代化建设的若干意见》	聚焦"农业现代化建设",提出推进农村一二三产业融合发展、农村集体产权制度改革与土地制度改革试点,完善农产品价格形成机制,加强农村法治建设。
2016 年	《中共中央国务院关于落实发展新理念加快农业现代化实现全面小康目标的若干意见》	聚焦"农业现代化",推进农业供给侧结构性改革,构建现代农业产业体系、生产体系、经营体系,实施"藏粮于地、藏粮于技"战略,推进"互联网+"现代农业、培育新型职业农民、推动农业绿色发展,壮大农村新产业新业态。
2017 年	《中共中央国务院关于深入推进农业供给侧结构性改革加快培育农业农村发展新动能的若干意见》	聚焦"农业供给侧结构性改革",通过体制改革和机制创新来激发农业农村发展的新动能,实现农业增效和农民增收。
2018 年	《中共中央国务院关于实施乡村振兴战略的意见》	聚焦"新时代乡村振兴",提出"把维护农民群众根本利益、促进农民共同富裕作为出发点和落脚点,促进农民持续增收,不断提升农民的获得感、幸福感、安全感"。
2019 年	《中共中央国务院关于坚持农业农村优先发展做好"三农"工作的若干意见》	聚焦"农业农村优先发展",确保粮食供给安全,实施大豆振兴计划,推动生物种业、重型农机、智慧农业等自主创新,开展农村人居环境整治,加快村庄基础设施建设、农村污染治理和生态环境保护,实施数字乡村战略。
2020 年	《中共中央国务院关于抓好"三农"领域重点工作确保如期实现全面小康的意见》	聚焦"'三农'领域重点工作",坚决打赢脱贫攻坚战,加快补上农村基础设施和公共服务短板,保障重要农产品有效供给和促进农民持续增收,加强农村基层治理。

续表

时间	文件名称	内容重点
2021年	《关于全面推进乡村振兴加快农业农村现代化的意见》	聚焦"全面推进乡村振兴",巩固拓展脱贫攻坚成果同乡村振兴有效衔接,稳定粮食播种面积、提高单产水平,强化现代农业科技和物质装备支撑,着力构建现代乡村产业体系、现代农业经营体系,推进农业绿色发展。
2022年	《中共中央 国务院关于做好2022年全面推进乡村振兴重点工作的意见》	聚焦"全面推进乡村振兴",保障国家粮食安全和不发生规模性返贫,强化乡村振兴金融服务,大力推进数字乡村建设,实施大豆和油料产能提升工程,持续推进农村一二三产业融合发展,大力推进种源等农业核心技术攻关。
2023年	《中共中央 国务院关于做好2023年全面推进乡村振兴重点工作的意见》	聚焦"全面推进乡村振兴",确保国家粮食安全、防止发生规模性返贫。扎实推进宜居宜业和美乡村建设,提升乡村治理效能,推动乡村产业高质量发展,强调促进农民就业增收。

第二节 建党百年历程中的乡村建设

以农耕文明为主要特色的乡村建设在中国具有悠久的历史。乡村建设本质是农业农村现代化和农民全面发展,是中华民族伟大复兴最关键、最繁重的任务。梳理总结中国共产党成立百年来乡村建设的历程和经验,对解决城乡发展不平衡、农村发展不充分这一中国发展最大的问题,对促进新型城镇化和乡村振兴良性互动,加快城乡融合发展,实现共同富裕具有重要的意义。

依据《中国共产党中央委员会关于若干历史问题的决议》和《中国共产党中央委员会关于建国以来党的若干历史问题的决议》、习近平总书记《在庆祝中国共产党成立95周年大会上的讲话》,本节将自1921年中国共产党成立以来百年历程中的乡村建设划分为5个历史时期、10个阶段(见表2-2)。

表 2-2 中国建档百年的乡村建设历程，1921-2021

历史时期	发展阶段
萌芽探索时期（1904-1920）	地方乡绅初步摸索
新民主主义革命时期（1921-1949）	中国共产党创立至大革命阶段，组织农民协会，领导农民运动（1921-1927）
	土地革命阶段，苏区和革命根据地乡村建设（1927-1937）
	抗日战争和解放战争阶段，边区和解放区乡村建设（1937-1949）
社会主义革命和计划经济建设时期（1949-1978）	国民经济恢复阶段，农业农村经济全面恢复（1949-1953）
	社会主义改造阶段，农业合作化与社会主义农村建设（1953-1958）
	人民公社阶段，农业"四化"和社会主义农村建设（1958-1978）
改革开放和社会主义现代化建设时期（1978-2012）	创立双层经营体制，中国特色社会主义新农村建设（1978-2002）
	统筹城乡经济社会发展阶段，社会主义新农村建设（2002-2012）
中国特色社会主义新时代（2012-至今）	美丽乡村建设、乡村振兴战略和乡村建设行动

2.1 萌芽探索时期

近代以发展乡村教育为主要内容的乡村建设始于清末民初。国内政治环境混乱，执政主体的不稳定与连续不断的暴乱，国民经济始终处于不稳定状态。在这样一个动荡时期，众多仁人志士开始探索乡村建设的方向。

乡村建设实践的起源最早可以追溯到清朝末期。1904 年，河北定县当地乡绅米春明被聘用为劝学所学董，并与儿子米迪刚等人以翟城村为示范，积极开展以兴办新式教育、制定村规民约、成立自治组织和发展经济为内容的乡村自治试验。以乡村教育为主要内容的"翟城实验"，成为近代中国乡村建设的最早尝试。同一时期，清末实业家张謇成立了南通农会（1894 年）及其事务所（1912 年），向当地农民推广优良品种、图解耕种知识、管理林业，同时也负责处理乡人的婚丧嫁娶及邻里纠纷诸事。南通乡村建设实践重视民生基础设施，创办我国第一所民立师范学校，还建立了养老院、残废所和栖流所（收容流浪社会的乞丐，帮助其培养日后的谋生技能），在当时的国内乡村地方自治中理念较为先进。

2.2 新民主主义革命时期

（一）以乡绅为主导的乡村建设（1921–1927）

这一时期的乡村建设最主要的创新点集中在基层自治上。衰败萧条的时代背景和动荡的政治形势使得稳定生产极其依赖于地方基层组织的自治水平。在此情形下，乡绅阶层利用自身的在当地的话语权和影响力，在中国传统的乡村治理模式基础上，吸收了西方的现代化治理模式（如重视修建设施），提出了较为先进的乡村建设理念。从20世纪20年代开始至新中国成立前的二三十年间，以黄炎培、晏阳初、梁漱溟、卢作孚、陶行知等为代表的仁人志士通过兴办乡村教育、平民教育等方式，进行乡村建设实验，涌现出了"定县实验"、"邹平实验"、"北碚实验"等乡村建设的典型实践（表2-3）。

表2-3　20世纪初中国乡村建设典型试验

乡村建设试验	时间	代表人物	主要内容
定县实验	1926	晏阳初	号召"除文盲""作新民"促进会推动生计、文艺、卫生和公民四大教育，通过培养生产力、知识力、健康力和团结力以造就新民。开展平民教育与乡村建设试验，成立家庭合作社、试验农场，推广民主选举等。
中华职业教育社农村改进试验	1926	黄炎培	提倡职业教育须和一切教育界、职业界联络，需要进一步面向社会。以计划并促进乡村自治、教育普及、生产充裕、娱乐改良为宗旨建立农村改进试验区，帮助农民发展经济，改善生活条件，设立新农具推行所、公共仓库及信托储蓄银行，开办儿童图书馆。

续表

乡村建设试验	时间	代表人物	主要内容
北碚实验	1927	卢作孚	开展以经济建设为中心,以交通建设为先行,以文化教育为重点的"乡村现代化"建设,使北碚一跃从贫穷落后的小乡场成为"中国现代化缩影"的美丽城市。
晓庄师范学校	1927	陶行知	我国近代乡村教育运动的最早发源地和试验场之一,提出"生活即教育""社会即学校""教学做合一"三大主张;提倡艺术教育及儿童的"六大解放",即解放儿童的脑、手、嘴、眼、空间、时间,使儿童得到全面发展,使儿童的创造力得到充分的发挥。
河南村治学院	1929	彭禹廷	推行自卫、自治、自富为特征的乡村建设。在河南省辉县百泉成立河南村治学院,设立"农村组织训练部"和"农村师范部",并附办"村长训练部""农村警察训练部""农业实习部"等,尝试实现研究乡村建设问题和培养乡村建设人才双重目的。
邹平实验	1931	梁漱溟	首次正式提出"乡村建设"行动,成立山东乡村建设研究院,村内自发筹款组建乡农学校,成立信用庄仓合作社、梁邹美棉运销合作社以及试验农场,开办《乡村建设》期刊。

(二)土地革命时期的乡村建设(1927—1937)

在土地革命阶段,中央苏区和其他革命根据地执行中国共产党土地革命的政纲、路线、任务、政策和策略,坚持以完成土地革命为中心任务,组织农会开展武装斗争和建设苏维埃基层政权,成立合作社,恢复集市商贸,开办农民学(夜)校,推进妇女解放以及乡村文化、卫生事业发展。

在乡村经济发展方面,形式多样的农民合作社快速发展,包括成立耕田队、犁牛合作和农业生产互助合作社、手工业生产合作社、消费合作社、粮食合作社、信用合作社。在乡村文化和社会建设方面,一是建立乡村初级小学。至1934年,在中央苏区建成列宁小学3052所,学生达8.9万多人,多数学龄儿童能够入学读书。二是开办农民夜校,推行识字和妇女解放运动。三是大力发展共青团、妇委会、儿童团、少先队、赤卫队等组织,广泛动员群众开展文化娱乐和体育活动。

四是发展卫生防疫事业，开展群众性卫生运动。

(三) 抗日战争和解放战争时期的乡村建设 (1937–1949)

进入20世纪30年代，受抗日战争的影响，乡村建设在目标、内容、方式和重点上发生了一定变化。面对民族存亡的压力，多数乡建实践从"救民"向"救国"转型，并以宣传动员、政治调停、人才培养等方式直接或间接地参与抗战救国，如定县印发的《农民抗战与农村建设》。这一时期，在中国共产党的领导下，各抗日根据地纷纷建立红色政权，开展农村土地改革，自力更生发展生产，实施文化教育和妇女解放运动。乡村建设成为军民给养和战争胜利的重要保障。毛泽东通过深入调查研究，撰写了大量指导乡村建设文章，如《抗日根据地的政权问题》、《新民主主义论》、《组织起来》、《游击区也能够进行生产》、《新解放区农村工作的策略问题》等，丰富和发展了中共早期的乡村建设思想和策略。在实践方面，出现了农民合作社、乡村经济建设、农业改良、民众文艺、乡村调解等多种形式的乡村建设。

2.3 计划经济时期

(一) 国民经济恢复阶段 (1949–1953)

新中国成立之初，国民经济薄弱，农村千疮百孔，百废待兴。首先，在党的领导下，全国有步骤地开展清匪反霸斗争，开展减租退押运动，逐步恢复农村社会安定，保障农民生产、生活及生命财产安全。其次，积极开展土地改革，至1953年春，全国完成了土地改革。1954年，《宪法》把"农民的土地所有权和其他生产资料所有权"纳入保护范畴。自此，中国农村铲除了延续几千年的封建地主土地所有制，农民获得了土地和其他生产生活资料，生命财产权有了保障，实现了身份自由和人格平等。第三，建设农村基层政权和共产党基层组织。自1950年12月至1952年底，各地按照《乡（行政村）人民代表会议通则》和《乡（行政村）人民政府组织通则》，基本完成农村基层政权体系构建。在此过程中，党在农村的基层组织体系、乡村农民协会组织、妇女组织等也都逐渐建立健全起来，一大批乡村工作骨干加入了中国共产党，担任了乡村干部。

第四，党和国家推出系列政策措施恢复农村经济。一是制定农产品收购政策，保证农产品按级定价、公平合理的收购和畅通运销渠道；二是通过农产品预购办法，帮助农民筹措扩大再生产的资金；三是调整工农产品相对价格，增加农民收入；四是降低农业税收，减轻农民负担，至1954年，农户户均负担农业税占其收入的比例下降到15%左右，农业税在国家财政总收入中的比重下降至13.4%。国家农业税更多的返还于农村建设。一系列农村改革调动了农民生产积极性，1949至1952年，我国农业生产总值增长了53.4%（表2-4）。

表2-4 1949-1952年农业经济主要指标

类别	1949年	1950年	1951年	1952年
农业总产值（亿元）	271.8	317.6	257.4	417
粮食（万吨）	11318.0	13213.0	14369.0	16392.0
棉花产量（万吨）	44.4	69.2	103.1	130.4
油料（万吨）	256.4	297.2	362	419.3
糖料（万吨）	283.3	337.8	498.9	759.5
猪牛羊肉（万吨）	220	253.8	293	338.5
水产品（万吨）	45	91	133	167

（二）社会主义改造阶段（1953-1958）

1951年12月，中共中央颁布实施了《关于农业生产互助合作的决议（草案）》，至1952年底，农村发展成立互助组830多万个，加入各类合作组织的农户占农户总数的比例达41.8%。1953年12月，中共中央颁布《关于发展农业生产社的决议》，标志着农业合作化进入到初级合作社阶段。1955年底，全国共有190多万个农业合作社，入社农户达7000多万户。1956年6月，《高级农业生产合作社示范章程》颁布实施，标志着农村集体所有制经济制度基本成型。到1956年10月，全国多数省市实现了高级形式的农业合作化。

社会主义改造完成后，党及时启动了社会主义农村建设。《中国农村的社会主义高潮》拉开大幕,《一九五六到一九六七年全国农业发展纲要(草案)》(1957年10月25日)是我国社会主义农村建设第一个中长期规划。《人民日报》社论(1957年10月27日)指出:"这是建设我国社会主义农村的伟大纲领,它给我国五亿农民指出了今后十年的奋斗目标,规定了实现这些目标的基本方法。"

(三)人民公社阶段(1958–1978)

1958年8月,中共中央颁布了《关于在农村建立人民公社问题的决议》,拉开了人民公社运动的序幕。在此阶段,社会主义农村建设以推进农业现代化为核心。新中国的农业现代化经过了先合作化、后机械化,再到农业机械化、水利化、化学化、电气化的发展过程。1952年,我国农业机械总动力仅18.4万千瓦,到1978年达到11750万千瓦。农村种植业综合机械化程度由新中国初期不到1%提高到20%左右。农田有效灌溉面积由1952年的19959千公顷增加到1978年的44965千公顷。农村用电量由1952年的0.5亿千瓦时增加到1978年的253.1亿千瓦时。这一时期,农村工商业也得到了发展。1978年,全国共有社队企业150万家,农村工人2800多万,占农村劳动力的9.5%。94.7%的公社和78.4%的大队都有工业企业,近30%的公社和大队收入都来自社队企业。社队企业发展吸纳了剩余劳动力,改变了农村面貌和农民生活,也为后来乡镇企业异军突起和小城镇蓬勃发展奠定了基础。

此外,在人民公社时期,我国农村地区建立了比较完整的公益事业和公共服务体系,比如农技站、农机站、水利站、畜牧兽医站、文化站、广播站、卫生站(所)等服务于农业农村和农民发展的"七站八所";在流通领域,建有供销合作社、信用社、粮管站,分别负责农副产品收购、农业生产资料和农民生活物资供应、资金储蓄贷款、粮食收购等。尽管其服务和供给能力有限,但其组织体系健全、功能完善在中国前所未有,对于推动农村经济发展,满足农民的物质文化需要,稳定农村社会等诸多方面,起到了至关重要的作用。

2.4 社会主义现代化建设时期

(一) 中国特色社会主义新农村建设 (1978-2002)

中国特色社会主义农村建设以农村土地经营制度改革为中心，以提高农户和村集体的生产经营能力为出发点，以发展农业、乡镇企业和建设小城镇为基本内容，并且与撤销人民公社三级体制、恢复和重建乡镇人民政府、实行村民自治制度等基层组织体制改革结合在一起。

1978年12月，党的十一届三中全会的胜利召开拉开了农村改革大幕。翌年9月，中共中央《关于加快农业发展若干问题的决定》提出了发展农业生产力的25项政策措施，对农业现代化发展进行部署。自1982年至1986年，中共中央、国务院连续颁布关于农村改革发展的5个中央一号文件（见表2-5），序次推进农村改革、创立统分结合的双层经营体制和开展农村经济建设。

表2-5　1982-1986年中央一号文件

时间	文件名称	政策导向
1982	中共中央批转《全国农村工作会议纪要》	"建立农业生产责任制""包括小段包工定额计酬，专业承包联产计酬，联产到劳、包产到户、到组，包干到户、到组，等"
1983	中共中央印发《当前农村经济政策的若干问题》	"稳定和完善农业生产责任制""走农林牧副渔全面发展、农工商综合经营的道路""建设星罗棋布的小型经济文化中心""发展多种多样的合作经济"，改革"人民公社的体制"
1984	中共中央《关于一九八四年农村工作的通知》	"在稳定和完善生产责任制的基础上，……发展商品生产""延长土地承包期……应在十五年以上""鼓励土地逐步向种田能手集中""使集镇逐步建设成为农村区域性的经济文化中心"
1985	中共中央、国务院《关于进一步活跃农村经济的十项政策》	"改革农产品统派购制度""调整产业结构""放宽山区、林区政策""放活农村金融政策""完善农村合作制""加强对小城镇建设的指导""发展对外经济、技术交流"
1986	中共中央、国务院《关于一九八六年农村工作的部署》	"落实政策，深入改革，改善农业生产条件，组织产前产后服务，推动农村经济稳定协调的发展"

1991年11月，中共十三届八中全会《关于进一步加强农业和农村工作的决定》明确提出"建设有中国特色社会主义新农村"。1998年10月，中共十五届三中全会《关于农业和农村工作若干重大问题的决定》制定了建设有中国特色社会主义新农村的目标。1978年到1998年是我国乡镇企业迅速崛起的关键时期，到1998年乡镇企业数量发展到2004万个，乡镇企业从业人员达12537万人，比1978年的2827万人增加了3.4倍。乡镇企业成为国民经济重要组成部分，1998年乡镇企业实现增加值22186亿元，占国内生产总值的比重达27.9%，其中乡镇工业企业完成增加值15530亿元，占全国工业增加值的46.3%，上缴国家税金达1583亿元，占全国税收总额的20.4%。

（二）统筹城乡经济社会发展阶段（2002-2012）

2002年11月，党的十六大提出"我们要在本世纪头二十年，集中力量，全面建设惠及十几亿人口的更高水平的小康社会"，强调"要统筹城乡经济社会发展"。2004年9月，中共十六届四中全会上提出了"两个趋向"的重要论断，指出"工业化之初，农业要支持工业，为工业积累资金；工业化达到一定程度时，工业要反哺农业，城市要支持农村"。2005年10月，党的十六届五中全会提出建设社会主义新农村的重大历史任务，提出了"生产发展、生活宽裕、乡风文明、村容整洁、管理民主"的具体要求。2007年10月，党的十七大提出"建立以工促农、以城带乡长效机制，形成城乡经济社会发展一体化新格局"，"要统筹城乡发展，推进社会主义新农村建设"。自党的十六大开始，统筹城乡经济社会发展、构建城乡一体化发展新格局，成为解决"三农"问题的基本指导思想。

特别要指出的是，2004年中央一号文件聚焦"促进农民增加收入"，这是时隔18年中央一号文件再度聚焦问题。此后，2005-2012年中央一号文件连续聚焦"三农"领域，分别是"提高农业综合生产能力"（2005）、"推进社会主义新农村建设"（2006）、"积极发展现代农业"（2007）、"切实加强农业基础建设进一步促进农业发展农民增收"（2008）、"促进农业稳定发展农民持续增收"（2009）、"加大统筹城乡发展力度进一步夯实农业农村发展基础"（2010）、"加快水利改革发展"（2011）、"推进农业科技创新持续增强农产品供给保障能力"（2012）。这些一号文件成为新世纪初统筹城乡经济社会发展和建设社会主义新农村的重要纲领和行动指南。

2.5 中国特色社会主义新时代

2012年11月，党的十八大胜利召开，中国特色社会主义进入新时代。在以习近平同志为核心的党中央坚强领导下，坚持把解决好"三农"问题作为全党工作重中之重，持续加大强农惠农富农政策力度，扎实推进农业现代化和新农村建设，全面深化农村改革，农业农村发展取得了历史性成就，农村同步实现全面建成小康社会，为党和国家事业全面开创新局面提供了重要支撑。2017年10月，党的十九大提出实施乡村振兴战略，强度坚持农业农村优先发展，按照产业兴旺、生态宜居、乡风文明、治理有效、生活富裕的总要求，建立健全城乡融合发展体制机制和政策体系，统筹推进农村经济建设、政治建设、文化建设、社会建设、生态文明建设和党的建设，加快推进乡村治理体系和治理能力现代化，加快推进农业农村现代化，走中国特色社会主义乡村振兴道路，让农业成为有奔头的产业，让农民成为有吸引力的职业，让农村成为安居乐业的美丽家园。乡村振兴战略的提出为新时期我国农业农村发展指明了方向，奠定了坚实的战略基础。

2013-2021年的9个中央1号文件分别聚焦于"加快发展现代农业进一步增强农村发展活力"（2013）、"深化农村改革加快推进农业现代化"（2014）、"加大改革创新力度加快农业现代化建设"（2015）、"落实发展新理念加快农业现代化实现全面小康目标"（2016）、"推进农业供给侧结构性改革加快培育农业农村发展新动能"（2017）、"实施乡村振兴战略"（2018）、"坚持农业农村优先发展做好'三农'工作"（2019）、"抓好'三农'领域重点工作确保如期实现全面小康"（2020）、"推进乡村振兴加快农业农村现代化"（2021）。上述政策文件指引新时代中国乡村建设不断向纵深发展。

第三章 建设宜居宜业和美乡村的时代背景

党的十八大以来，以习近平同志为核心的党中央坚持把解决好"三农"问题作为全党工作的重中之重，打赢脱贫攻坚战，实施乡村振兴战略，农业综合生产能力上了大台阶，农民收入持续增长，人居环境明显改善，公共设施提档升级，善治乡村加快建设，农村精神文明建设扎实开展，乡村面貌焕然一新，我国农业农村现代化事业取得历史性成就、发生历史性变革，为建设宜居宜业和美乡村奠定了坚实基础。在新时代背景下推进宜居宜业和美乡村建设，是我党科学把握乡村发展规律、建设社会主义现代化国家、改善农村民生和焕发乡村文明的重要使命。本章从新时代乡村建设重要使命、乡村可持续发展迫切要求的视角解析了建设宜居宜业和美乡村的时代背景。

第一节 开启新时代乡村建设的重要使命

1.1 建设宜居宜业和美乡村是我党对乡村发展规律的科学把握

中国共产党历来高度重视乡村建设，特别是进入新世纪以来，我党持续深化农村改革，不断推进乡村建设。党的十六届五中全会提出"生产发展、生活宽裕、乡风文明、村容整洁、管理民主"的社会主义新农村建设目标和要求。党的十九大指出要"建立健全城乡融合发展体制机制和政策体系，加快推进农业农村现代化"，实施"乡村振兴战略"，提出了"产业兴旺、生态宜居、乡风文明、治理有效、生活富裕"的目标要求。党的十九届五中全会提出实施乡村建设行动，强调把乡村建设摆在社会主义现代化建设的重要位置。党的二十大进一步提出"全面推进乡村振兴",强调"建设宜居宜业和美乡村"。这是中国共产党在长期实践和探索基础上对新时代乡村建设的科学判断,集中反映了我党对乡村建设的认知与乡村发展规律的深刻把握。

1.2 建设宜居宜业和美乡村是我国破解乡村衰退难题的积极实践

伴随着人类社会发展转型,由于人口流失所引发的乡村衰退已成为全球趋势性问题,主要表现为乡村产业凋敝、劳动力短缺、社会主体老弱化、耕地撂荒或低效利用、乡村文化流失等。回顾世界发展史,发达国家、发展中国家都不同程度经历过或正在经历乡村衰退问题,亟需得到关注。作为世界人口大国、传统农业大国,改革开放以来,尤其是进入新世纪以来,中国经历了快速的城镇化、工业化进程。在此过程中,一些地区出现乡村人口大规模、快速流失,由此导致的乡村空心化、贫困化问题愈演愈烈,严重制约了乡村可持续发展。乡村衰退具有地域性、系统性特征,涉及经济、社会、文化等多个方面。宜居宜业和美乡村建设则是从乡村产业发展、人居环境、农户生计等方面全方位推进乡村地区振兴与发展,是有效破解乡村衰退难题的积极实践,将为世界乡村振兴与可持续发展提供中国解决方案。

1.3 建设宜居宜业和美乡村是全面建设现代化国家的重要内容

建设什么样的乡村、怎样建设乡村,是摆在我们面前的一个重要课题。全面建设社会主义现代化国家,实现中华民族伟大复兴,最艰巨最繁重的任务依然在农村,最广泛最深厚的基础依然在农村。在快速城镇化、工业化进程中,由于人口流失所引发的乡村衰退问题在一些地方凸显。城乡发展不平衡、乡村发展不充分仍是我国社会主要矛盾的集中体现。建设宜居宜业和美乡村是全面建设社会主义现代化国家的基础工程、重要内容。然而,我国农村基础设施和公共服务历史欠账仍然较多,城乡基础设施一体化水平还不够高,基本公共服务均等化水平有待提升。建设宜居宜业和美乡村,补齐"三农"短板,夯实"三农"基础,促进农业全面升级、农村全面进步、农民全面发展,这是农业农村发展新的历史方位,也是"三农"工作新的历史使命。

1.4 建设宜居宜业和美乡村是改善民生,焕发文明的内在要求

党的十八大以来,以习近平同志为核心的党中央大力推进农村现代化建设,乡村基础设施和人居环境明显改善,基本公共服务深入推进,综合治理体系不断完善,精神文明建设全面加强,为推进宜居宜业和美乡村建设奠定了坚实基础。同时也要看到,农村公共基础设施往村覆盖、往户延伸还存在明显薄弱环节,教育、医疗卫生、养老等公共服务质量还有待提高,与农民群众日益增长的美好生活需要还有差距。习近平总书记强调,要牢记亿万农民对革命、建设、改革作出的巨大贡献。坚持不懈地推进宜居宜业和美乡村建设,持续缩小城乡发展差距,提高农村生活质量,把乡村建设好,让亿万农民有更多获得感,是改善民生的内在要求。此外,推进宜居宜业和美乡村建设,坚持物质文明和精神文明一起抓,将农耕文明优秀遗产和现代文明要素结合起来,赋予新的时代内涵,进一步改善农民精神风貌,是弘扬农村优秀传统文化,提高乡村社会文明程度的必有之路。

第二节 破解乡村发展难题的必由路径

受制于人均资源不足、底子薄、历史欠账较多等原因,"三农"仍然是我国经济社会发展的薄弱环节,同新型工业化、信息化、城镇化相比,农业农村现代化明显滞后,城乡不平衡问题依然严峻。宜居宜业和美乡村建设统筹乡村经济社会发展、生态环境与精神文明建设,是推进农村地区生产、生活、生态协同发展的关键路径,也是破解乡村发展困境,实现乡村可持续发展的迫切要求。

2.1 人口流失与留守人口问题

（一）农村人口流失

我国是一个传统农业大国，长期以来农村人口占比保持较高水平。1995年，乡村人口达到8.95亿人的峰值，自此之后乡村人口开始呈现下降趋势。如图3-1所示，2010年之后，我国城镇人口已经超过乡村人口，并且二者的数量差距在不断扩大。

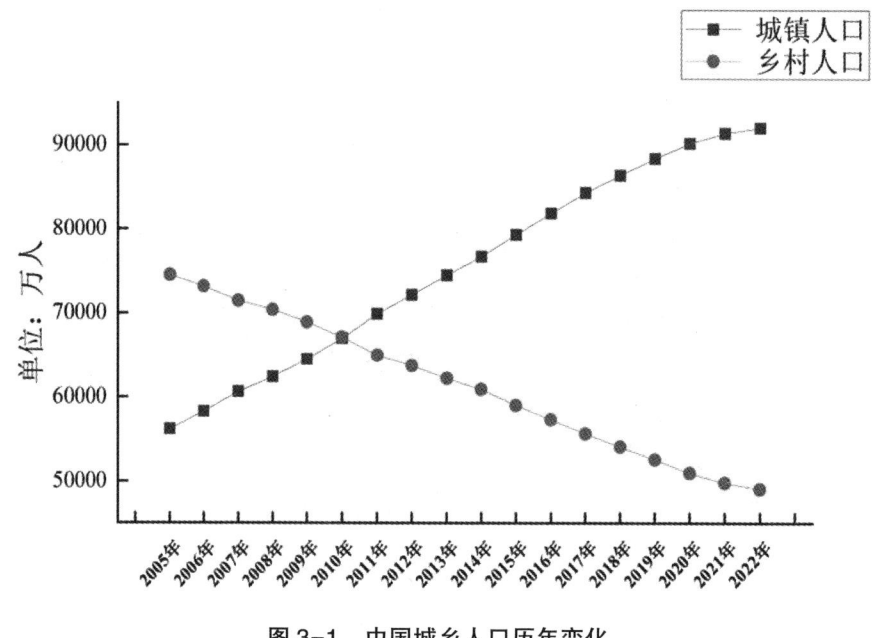

图3-1 中国城乡人口历年变化

数据来源：国家统计局，http://www.stats.gov.cn/

自改革开放以来，我国在经济、社会等方面快速发展，城市化、现代化进程也逐步加快。农村的生产模式也迎来从集体经营向个体经营的转变，极大的解放了一批农村生产劳动力。自1984年以来，中央出台一系列文件肯定了农民进城的积极作用，逐步允许农村劳动力向城镇流动，长期实行人口流动的管理制度开始松动，为农民工大规模流动提供了机遇（李厚刚，2012），但这一时期限于城乡二元体制的存在，农村劳动力主要仍在乡镇内部流动。自邓小平南巡讲话以及党的十四大将改革开放深入，国家对农民工的政策调整为"鼓励、引导和实行宏观调控下的有序流动",农民工大规模的跨地区流动常态化,农民工得以向城市流动,外出农民工人数开始增加。

根据农民工是否在户籍所在地乡镇工作分类,可将其划分为本地农民工与外地农民工;如图3-2中显示,自2008年以来,我国外出农民工的数量始终多于本地农民工数量,且呈持续增长态势,而本地农民工数量增加不明显。全国农民工数量从2008年的2.25亿人增长到2022年的2.96亿人,增加了7020万人,增速在2020年经历了大幅度下跌后又逐渐回升(国家统计局,2022)。大量农民工的涌入也极大服务和支撑了我国城市化发展与城市建设。

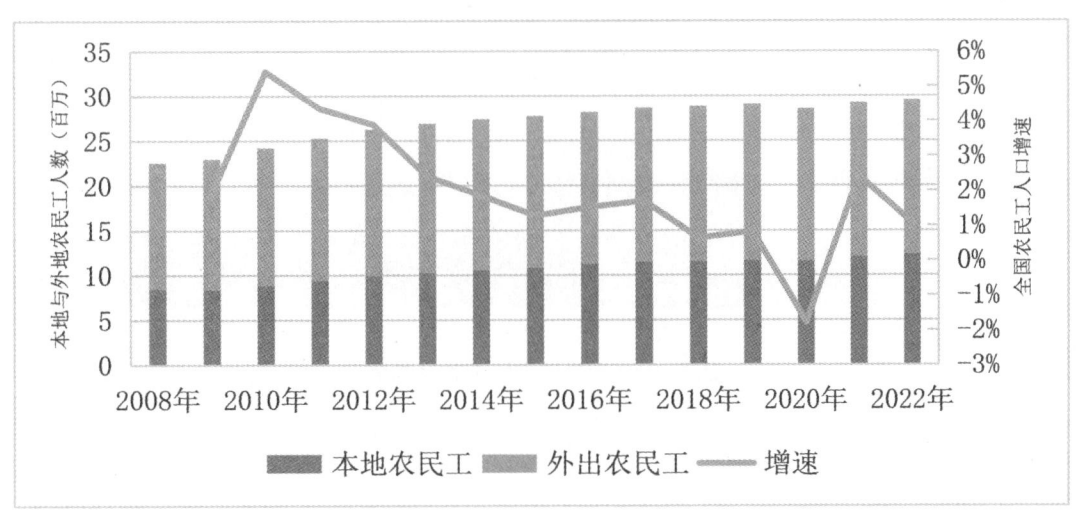

图3-2 农民工规模及增速

数据来源:2008年至2022年全国农民工监测调查报告

如图3-3、图3-4所示,在大批涌向城市的农民工中教育水平也随着时代变迁产生变化。十年间农民工文化程度虽然依旧以初中水平为主,但占比从2012年的60.5%降低到2022年的55.2%;在2012年文化程度占比排第二的小学文化水平,到2020年占比降到第四位;其中高中文化水平的比例显著提升了3.5%,在2020年文化程度中位列第二;未上过学的群体比例也从2012年的1.5%降低到2020年的0.7%;由此可见,农民工的教育水平在逐渐提高。

如图3-5所示,外出农民工大专及以上文化程度占比大于本地农民工,而且从2018-2022年外出农民工大专及以上文化程度的比例呈现增加的趋势可以看出,城市劳动力的文化水平在逐渐提高,也反应出文化水平较高的劳动力更偏向于向城市流动，而文化水平较低的只能留在乡村。农民工实际受教育年限超过工作所需教育年限的教育过度现象在不同规模城市普遍存在，但有着显著差别，中小城市农民工教育过度存在工资嘉赏效应，说明教育程度越高，越有利于农民工工资的提升；而在大城市和特大城市，教育过度和教育不足对农民工工资都产生了显著的负面影响（屈小博，余文智，2020）。

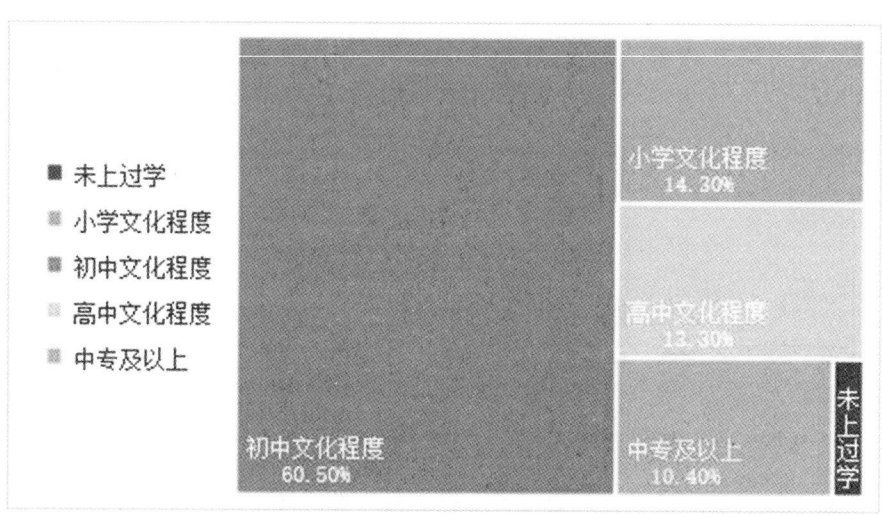

图 3-3　2012 年农民工教育程度

数据来源：2012 年全国农民工监测调查报告

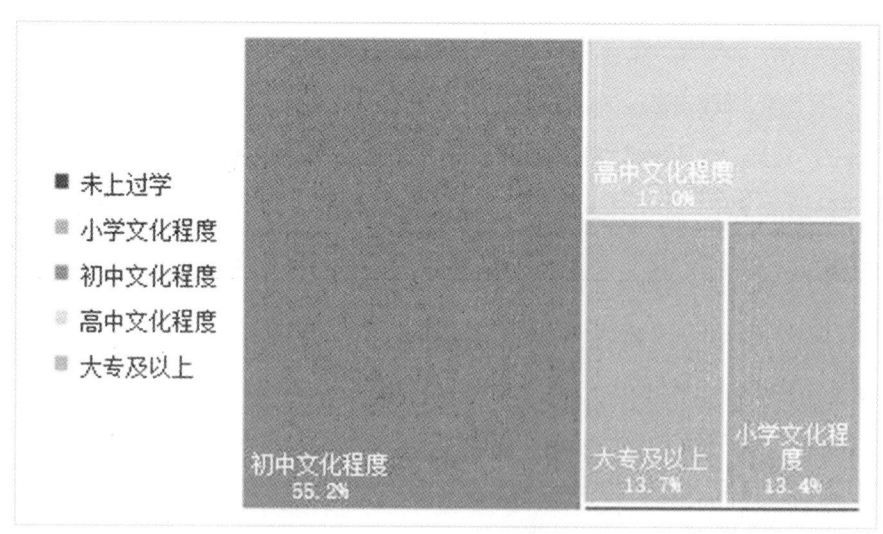

图 3-4　2022 年农民工教育程度

数据来源：2022 年全国农民工监测调查报告

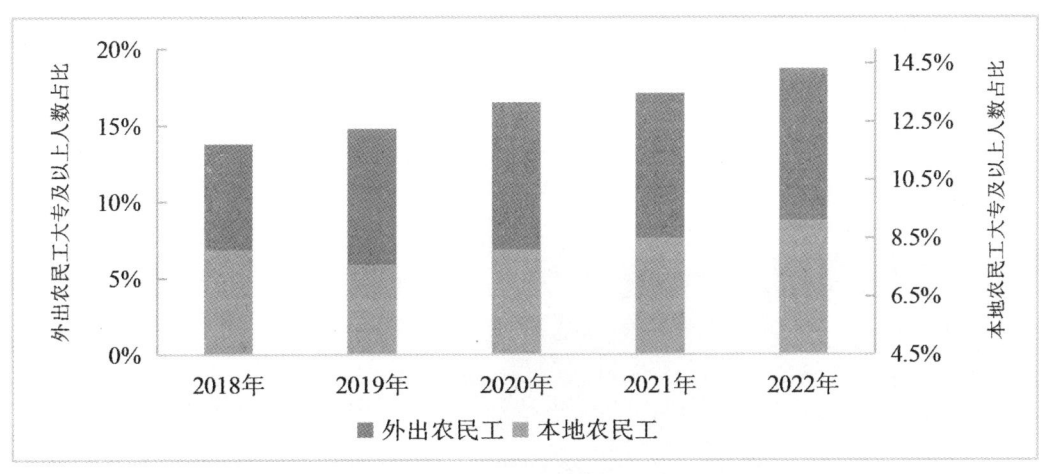

图 3-5 外出农民工与本地农民工大专及以上文化程度占比

数据来源：2008 年至 2022 年全国农民工监测调查报告

（二）农村留守人口

当前，我国农村人口老龄化问题日趋凸显。第七次全国人口普查结果显示，2020 年我国城市、镇、乡村 65 岁及以上的人口分别为 0.62 亿、0.38 亿、0.90 亿，其中乡村 65 及以上的人数占乡村总人口的 17.72%[③]。根据《全国农村固定观察点》的数据显示，2019 年全国在至少有一位老年人的农村家庭中，有 12.9% 的农村家庭是一位老年人独居，34.3% 的农村家庭是多名老人共同居住，这分别比 2010 年提高了 5.7 个百分点、11.9 个百分点（高鸣，2022）。

根据 1956 年联合国《人口老龄化及其社会经济后果》确定的划分标准，65 岁及以上人口比例在 4% 以下的国家或地区为年轻型社会，4%－7% 为成年型社会，超过 7% 的则为老年型社会（邬林果等，2023）。我国在 2000 年正式进入老年型社会。图 3-6 展示了各个省老龄化程度，沿海地区除福建省 60 岁以上人数较少外，其他省份的老年人口均超过 900 万人。内陆地区老龄化较为严重的是四川省、湖南省、河南省。许多省份省会城市老龄化程度显著低于外围城市，如贵州、福建、河南、安徽等省份。其他地区 60 岁以上人口虽然低于 900 万人，但仍然处于 300－600 万人区间，只有新疆、西藏、青海三个地区低于 300 万人。

---

③ 2020 年第七次全国人口普查数据，http://www.stats.gov.cn/sj/pcsj/rkpc/7rp/zk/indexch.htm

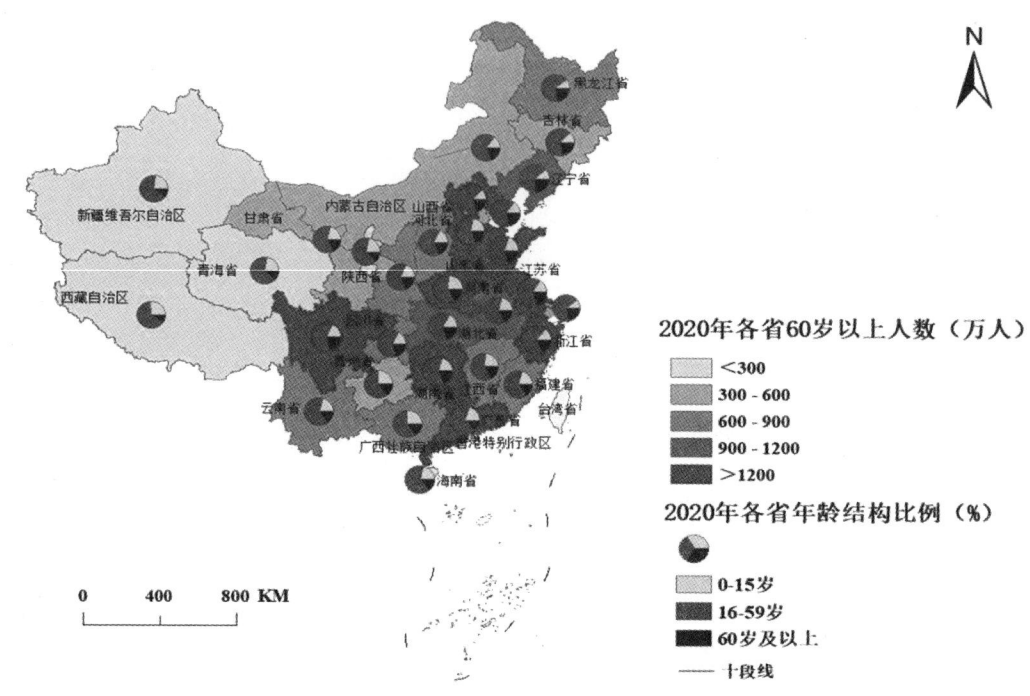

图 3-6　2020 年各省 60 岁以上人数及年龄结构比例情况

数据来源：第七次全国人口普查数据

除留守老人外，截至 2018 年 9 月，我国仍有农村留守儿童 697 万余人。留守儿童正处于身体发育和心理成长的关键期，缺少父亲和母亲的情感陪伴可能会导致儿童身心成长出现问题。当父母选择外出工作养家时孩子的抚养任务转交给年长的爷爷或奶奶完成，爷爷奶奶们能够保证孩子最基本的生存问题，但容易忽视孩子内心的情绪导致心理发展问题，在成长过程中疏于大人的沟通与引导，更容易出现性格孤僻、焦虑、抑郁等不良的心理影响。据学者研究，留守儿童社交焦虑检出率为 36.1%，非留守儿童社交焦虑的检出率为 20.2%（徐志坚，2016），留守儿童比高出 15.9%。留守儿童抑郁症状存在年龄差异，7-13 岁抑郁症状检出率明显高于 14-18 岁留守儿童（屈小博，余文智，2020）。

2.2 农业发展面临的问题

(一) 农业劳动力老龄化与受教育水平偏低

在改革开放以来，随着农业生产模式的转变越来越多的劳动被解放，农村劳动力大幅下降，从2006年的3.4亿人下降到2016年的3.1亿人，城市化的浪潮将农村劳动力吸引向城市流动，尤其是青壮年农业劳动力的大规模转移，导致目前滞留农村从事农业生产的主要是年龄较大的劳动力。劳动年龄人口中老年劳动力人口比重在15%以上为老年型劳动年龄结构，而第三次农业人口普查数据显示，2016年末全国农业生产经营人员55岁及以上的占33.6%，我国农业劳动力年龄结构属于老年型。随着时间的推移，劳动力老龄化的发展趋势越来越严重。2006年，第二次农业人口普查全国农业经营人员中50岁及以上的仅占21%，60岁及以上的仅占11%。此外，我国农业劳动力的受教育程度偏低，2016年农业劳动力的受教育水平主要为初中与小学，其中初中文凭占48.4%，小学文凭占37.0%[④]。

农业劳动力老龄化与受教育水平低对我国农业现代化发展具有负向影响。首先，农业劳作强度大，会消耗大量的体力与精力，老年劳动者的身体状况难以支撑其进行较长时间的高强度劳动，从而降低了土地的利用率；其次，农业现代化进程的推进需要劳动者广泛采用科学技术来提高生产效率，老龄劳动力在体力和文化素养上的不足不利于现代化农业发展导致农业生产效率的低下（李澜，李阳，2009）。

(二) 人均耕地资源少、耕地质量下降

2022年，我国耕地面积为19.18亿亩，人均耕地面积约为1.4亩，仅为世界平均水平的四成。人均耕地资源少，耕地的质量也面临着下降的风险，据相关研究发现，2000-2018年我国耕地适宜性下降2.6%，降水和积温适宜性下降最明显，

---

④ http://www.stats.gov.cn/sj/tjgb/nypcgb/qgnypcgb/

其中，北方干旱和半干旱区耕地适宜性下降10%（黄海潮等，2021）。除此之外，我国耕地还面临着水土流失、土壤酸化等问题；我国水土流失面积为356万平方公里，平均年增1万平方公里；2004年全国土壤侵蚀量达16.22亿吨，相当于从12.5万平方公里的土地上流失掉1厘米厚的表层土壤（田卫堂等，2008）。相关研究发现，2000-2018年，我国耕地适宜性下降2.6%，降水和积温适宜性下降最明显，其中，北方干旱和半干旱区耕地适宜性下降10%（黄海潮等，2021）。

此外，我国耕地资源的利用方式也存在诸多问题：一是土地撂荒严重；在城镇化快速发展进程中，从事农业的农民没有可观的收益，自然选择去二三产业进行就业，大多青壮年选择进城务工，这就导致乡村土地荒废、无人耕种；二是耕地过度使用，保护不到位，导致耕地质量下降，利用效率并不高。

（三）小农经济弊端

小农经济是我国农业生产的主要经济形式，在人口和土地资源的双重约束下，小农户在未来很长一段时间将继续肩负粮食生产的重任。第三次全国农业普查数据显示，2016年我国有3.14亿人从事农业生产，有2.07亿的农业经营户，其中仅398万为规模农业经营户，小农户占农业经营户比重高达98.1%，小农户从业人员占农业从业人员的90%，小农户经营耕地面积占总耕地面积的70%；2016年底，我国户均耕地面积仅为9.76亩。长期以来，我国农业生产小规模土地经营格局未发生明显变化。

小农经济已成为我国农业现代化发展的最大短板。小农户的文化水平普遍较低，难以有效掌握和吸收现代农业科学与技术，农业生产"看天收"的特征明显。其次，小农户缺乏开拓市场的经验和能力。在出售农产品时，小农户倾向于在家等待收购或者选择就近市场出售，对于利用现代互联网和物流等手段开拓市场的能力不足，导致农业经营效益低下。最后，小农户普遍缺乏推进农业现代化发展的意识，更缺乏技术进步的动力。小农户在现有生产和组织条件下无法达到农业生产的最优规模，同时现代化的机械技术也无法在分散经营的小规模土地上得到充分应用，从而导致当前农产品生产成本过高和经济效率低下。因而，小农户自身抵御市场风险、自然灾害的能力较弱，无法与发达国家规模化农业相抗争（何秀荣，2016）。

2.3 农村资源环境问题

当前，我国仍处于工业化、城市化快速发展阶段，资源环境仍是制约社会经济可持续发展的重要因素。由于经济增长粗放、资源开发过度与协同管理缺位等原因，致使城乡资源环境问题与各类矛盾不断加剧，主要表现为资源的匮乏，土地、水体等的严重污染。

进入21世纪以来，我国城镇化进入了高速发展阶段，乡村作为城市的生态资源和食品生产基地，不仅需要为城市提供大量的农产品，如粮食、水果、蔬菜，同时也为城市发展提供了丰富的水资源、土地资源等，但在自然与人为作用的双重影响下，水、土资源已不再丰富。图3-7显示了我国近15年用水总量、农业用水总量的变化，可以看出，2005-2021年我国用水总量和农业用水总量均有小幅度上升，农业用水总量占用水总量的比例始终稳定在63%左右。乡村农业用水占比较大，但由于乡村地区的水资源主要来自地表水、地下水和降雨，地表水下渗、蒸发较快，地下水开采和利用面临严峻形势。如图3-8所示，2005-2021年我国地表水与地下水呈现出小幅波动的下降趋势，而近年来我国降雨总量也呈现逐渐减少的趋势，据《2022年中国水资源公报》数据显示，我国平均年降水量为631.5毫米，比多年平均值偏少2.0%，比2021年减少8.7%，全国水资源总量为27088.1亿立方米，比多年平均值偏少1.9%。由此可以看出，我国乡村地区水资源相对较少，部分地区水源不足也成为普遍现象，世界银行相关统计数据显示，我国人均水资源量为2200立方米，仅为世界平均水平的1/4。

近年来，我国乡村生态环境问题也日益突出。根据2014年《全国土壤污染状况调查公报》和《全国耕地质量等级情况公报》，全国土壤点位污染超标率达19.4%，耕地退化面积超过耕地总面积的40%，南方土壤污染重于北方，长三角、珠三角和东北老工业基地等部分地区土壤污染较为突出。随着大城市产业结构转型和环保要求提升，部分污染型工业由城市转向农村、由发达地区转向欠发达地

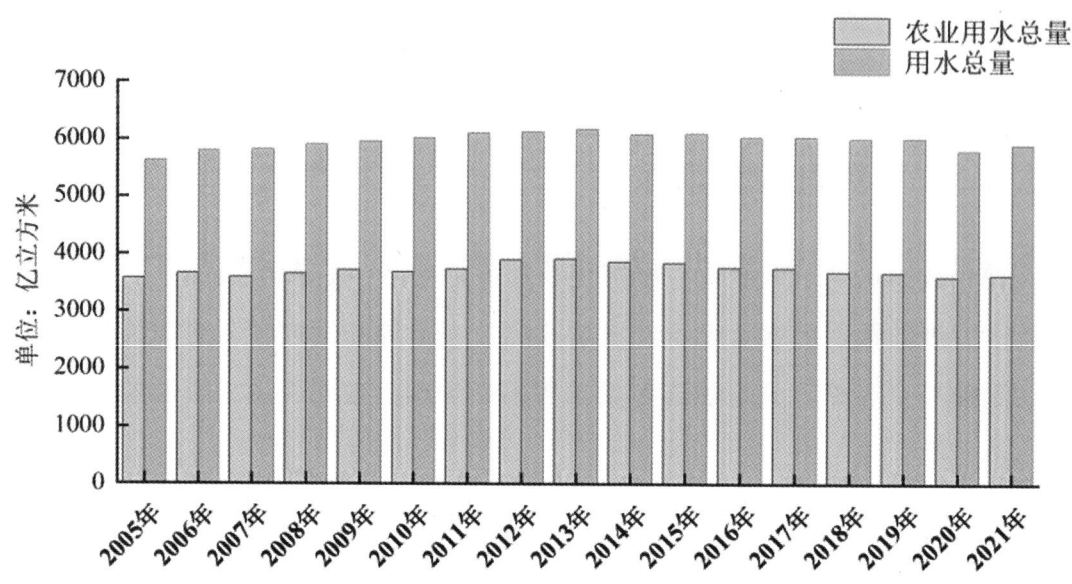

图 3-7 中国农业用水总量变化

数据来源：国家统计局

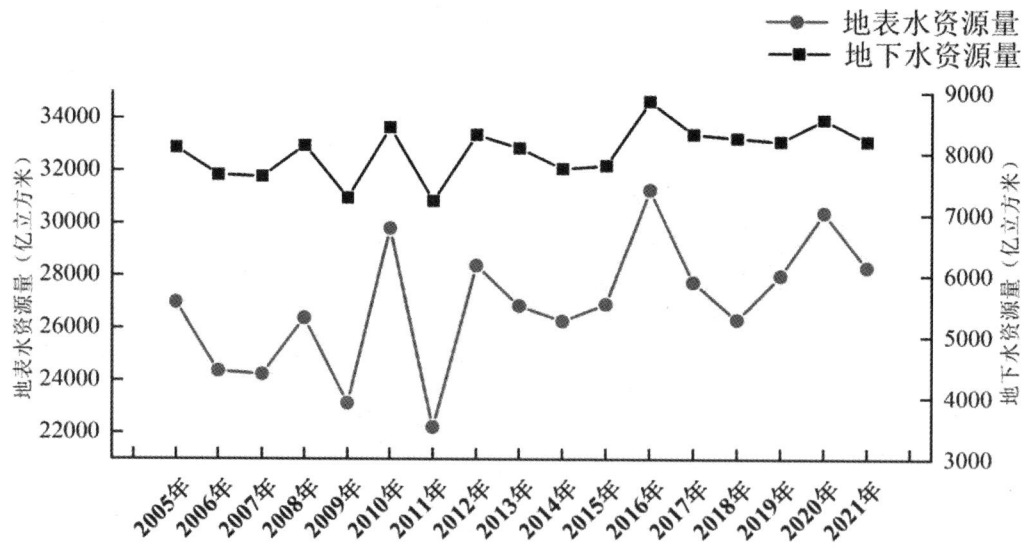

图 3-8 中国地表水、地下水资源量变化

数据来源：国家统计局

区，使得落后地区仍然面临发展与污染的困境。当前农村地区面临的污染主要是与农业生产方式相关的面源污染，为增加农产品产量，提高生产效率，人们会在土地上投入大量的肥料、农药、农膜。据国家统计局数据显示，2019 年我国农药

使用量达到139.17万吨（图3-9），2021年化肥使用量达到5191.3万吨，这在一定程度上会污染农用地的土壤，污染物质在短时间内很难降解，不仅不利于人体健康与环境保护，还会加速破坏耕地生态环境（李倩等，2021；杨国松等，2020）。其次，工业产生的重金属、有毒化学品也对农村地区带了严重的影响；据2017年《第二次全国污染源普查》数据显示，我国农村污染排放量约占全国总量的50%，其中化学需氧量（COD）排放量约占84%。

此外，近年来我国东部地区大面积雾霾污染事件频发，严重影响至空气质量、大气能见度和公众身体健康（王跃思等，2013）。乡村生活污水、生活垃圾、人粪等大部分未经处理随意排放。因此，各类经济活动，包括金属采矿与冶炼、养殖业废弃物排放、化肥农药使用及电子废物排放等问题突出，使得乡村耕地和水环境质量正面临严峻的挑战。

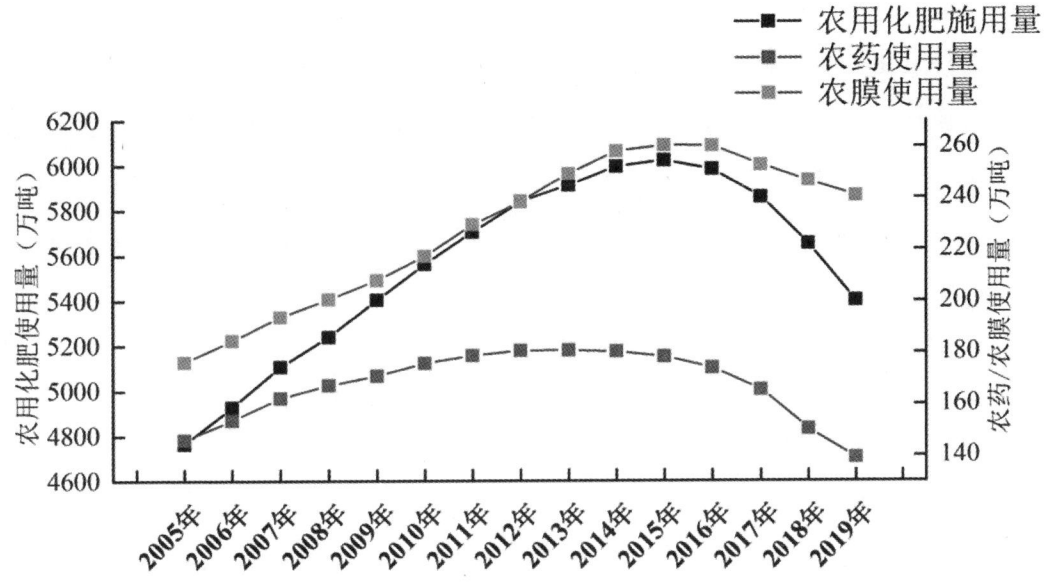

图3-9 我国农药、农膜、化肥使用量

数据来源：国家统计局

2.4 乡村文化传承问题

乡村蕴含着丰富的文化内涵，乡村文化是中国传统文化的重要组成部分，是传统文化的"根"和"魂"。乡村要实现振兴,文化传承是重点,乡村文化传承是提高我国乡村文化自信和实现乡村文化振兴的重要举措。然而,快速发展的城市化和工业化进程不断冲击着传统乡村文化的秩序价值,乡村文化失去了认同的基础,传统道德日益碎片化,乡村精英的标杆意义也日渐衰落(赵霞,2011;宋小霞,王婷婷,2019)。

　　首先,乡村人口锐减,文化传承的根基受到破坏。由于大量青壮年劳动力进城务工,乡村人口的年龄结构、性别结构出现严重失衡,留守在乡村的大多数是老人、妇女、儿童,也影响了乡村文化的传承与创新,导致许多传统文化正在逐渐消失。大量人口的流出,尤其是传统生产生活方式的转变,使得乡村传统文化的凋敝越来越严重,乡村文化传统面临无人继承的尴尬境遇。大量人口的外出,使得传统的节庆、风俗、饮食、手艺等失去了传承的"土壤",新生代多是在城市里出生、生活,接触的是现代化的城市文化,逐渐对乡村文化缺乏感知与认同。其次,乡村文化传承的内生动力不足。由于地理位置偏僻,交通设施不便等原因,乡村接收到新信息,感受新气象的速度远落后于城市。留守乡村的人口多以老人为主,受传统观念影响,他们的文化保护与传承意识薄弱,导致文化传承的内生动力不足。此外,不少地方存在"重经济,轻文化"的发展倾向,对乡村本土文化保护与传承力度不够,对文化事业投入不足。

第四章　建设宜居宜业和美乡村内涵与意义

乡村建设既是全面建成小康社会的基础，也是其难点、重点和短板。建设宜居宜业和美乡村充分反映了亿万农民对美好生活的愿景和期待，是以习近平同志为核心的党中央统筹国内国际两个大局、坚持以中国式现代化全面推进中华民族伟大复兴，对正确处理好工农城乡关系作出的重大战略部署，为新时代新征程全面推进乡村振兴、加快农业农村现代化指明了前进方向。本章剖析了建设宜居宜业和美乡村的内涵，从历史、现实、实践视角揭示了其伟大意义。

第一节　建设宜居宜业和美乡村的内涵

准确把握建设宜居宜业和美乡村的基本内涵对于科学把握乡村发展规律，高效实施乡村建设具有重要意义。从建设社会主义新农村，到建设美丽乡村，再到建设和美乡村，既是乡村建设的版本升级，也是乡村建设内涵的丰富和拓展。乡村建设突出强调既要见物也要见人，既要塑形也要铸魂，既要抓物质文明也要抓精神文明，实现乡村由表及里、形神兼备的全面提升。

宜居宜业和美乡村建设是一项系统工程，要求经济、社会、生态环境相互支撑、协同发展。"宜业"是"宜居"的基础，"宜居"能够更好地促进"宜业"，"和美"则是"宜居"、"宜业"的共同目标。"宜居"强调打造美丽舒适便利和谐的乡村生活交往空间，通过激发群众的内生动力，以农村垃圾污水治理、厕所革命和村容村貌提升为主攻方向，集中力量加快补齐短板，全面提升农村人居环境质量。"宜业"是新时代乡村建设的基础，要求以产业强为抓手，侧重于乡村产业和经济发展支撑，通过发挥市场对资源配置的决定性作用以及政府的调节作用，促进城乡间要素双向流动、合理配置，推进农民本地化就近就业创业，保障当地农民能够在县域为中心的范围内安居乐业。"和美"则是以让农民幸福为出发点和落脚点，以突出乡风乡味、体现乡愁乡韵为建设特色，将乡村精神文明内化于村庄发展的全过程、各领域、诸环节，通过塑形环境"美"，铸魂精神"和"，实现乡村由表及里、形神兼备的全面提升。

建设宜居宜业和美乡村的内涵主要包括四个方面。一是农村基本具备现代生活条件，农村现代化基础设施建设日益完善，基本公共服务逐步实现城乡一体化。现代生活条件主要包括生活设施、公共服务、生态环境、乡村风貌等多个维度。其中，生活便利是农村实现现代生活的前提和基础，乡村水电路气讯和物流等生活基础设施要基本配套完备，教育、医疗、养老等公共服务资源要能够较为快捷的同等享受到。

二是农村要建设绿色美丽的宜居环境，实现干净整洁的卫生环境和生态特色的乡村风貌，让居民望得见山、看得见水、记得住乡愁。有效整合各方资源力量，建立起包括政府、村集体、村民以及相关各方在内的共谋、共建、共管、共评、共享的多元体制机制，因地制宜、精准施策，解决好垃圾处理、污水治理、卫生改厕、村庄绿化、村道硬化等突出问题，努力实现美丽宜居乡村建设目标，让广大人民群众拥有更多获得感、幸福感。

三是农村要形成就地就近就业与多元增收的宜业空间。不断做强县域产业，加强县域商业体系建设，城乡融合发展体制逐渐完善。适应城乡居民消费需求，顺应产业发展规律，立足当地特色资源，拓展乡村多种功能，推动乡村产业发展壮大。进一步延伸农业产业链，培育农业农村新产业新业态新模式，深入推进农村一二三产业融合，城乡居民生活水平差距持续缩小。

四是农村要推进以"和"为特征的精神文明建设。农民思想文化素质全面提升，家风乡风民风明显改善，有序推进移风易俗，积极打造文化产品、文化符号和文化形态，重塑乡村价值。着力塑造人心和善、和睦安宁的乡村精神风貌。我国自古以来崇尚"和"的理念，农业生产讲求得时之和、适地之宜，农村生活讲求人心和善、以和为贵，村落民居讲求顺应山水、和于四时。要把"和"的理念贯穿乡村建设始终，滋润人心、德化人心、凝聚人心，确保农村人心向善、稳定安宁。

第二节 建设宜居宜业和美乡村的意义

2012年以来，党中央坚持高度重视"三农"工作的传统，通过开展脱贫攻坚、实施乡村振兴战略等，用有限资源稳定解决了14亿多人口的吃饭问题，全体农民摆脱绝对贫困、同步进入全面小康社会，"三农"工作成就巨大、举世公认。在新的历史关口，建设宜居宜业和美乡村是对既有"三农"工作的深化，适应了新发展格局背景下正确处理工农城乡关系的时代要求，是全面推进乡村振兴，实现城乡融合发展的重要支撑，具有广泛而深远的意义。

2.1 全局和历史意义

建设宜居宜业和美乡村对于全面建设社会主义现代化国家、实现第二个百年奋斗目标具有全局性和历史性意义。农业农村现代化是全面建设社会主义现代化国家的重要组成部分。习近平总书记指出，没有农业现代化，没有农村繁荣富强，没有农民安居乐业，国家现代化是不完整、不全面、不牢固的。在我国现代化进程中，正确处理工农关系、城乡关系，在一定程度上决定着现代化的成败。

从世界发展历史来看，随着工业化和城市化的发展，乡村衰落是不可避免的过程和阶段，已成为全球性趋势。发达国家通过乡村建设、整治与革新等路径对扭转乡村衰退，实现乡村振兴开展了大量尝试，积攒了丰富经验。我国长期的城乡二元结构加剧了当前城乡发展不平衡、农村发展不充分问题。作为负责任的国家，我国在吸取和借鉴国外现代化进程中处理工农城乡关系经验的基础上，基于本国国情创新性地提出建设宜居宜业和美乡村，就是为了从全局和战略高度来把握和处理工农关系、城乡关系，解决"一条腿长、一条腿短"的问题，实现城乡优势互补、融合发展，意义重大。

2.2　理论和现实意义

中国共产党是马克思主义政党，党的宗旨是全心全意为人民服务。习近平总书记强调："为人民而生，因人民而兴，始终同人民在一起，为人民利益而奋斗，是我们党立党兴党强党的根本出发点和落脚点。"党的二十大聚焦我国社会主要矛盾的转化，首次提出新时代新征程党的中心任务，即全面建成社会主义现代化强国、实现第二个百年奋斗目标，以中国式现代化全面推进中华民族伟大复兴。坚持农业农村优先发展，加快推进农业农村现代化，建设宜居宜业和美乡村，体现了中国共产党在新的时代背景下，从战略高度加快实现国家现代化的科学判断与深入认知，这是对世界现代化理论的重大丰富和发展，具有重要的理论意义和时代价值。

中国共产党坚持以人民为中心，始终坚持人民至上，把人民放在最高位置，让全体中国人都过上更好的日子，让亿万农民有更多实实在在的获得感、幸福感、安全感，实现共同富裕，这是践行全心全意为人民服务的根本宗旨和以人民为中心的发展思想。习近平总书记提出"中国要强，农业必须强，中国要美，农村必须美，中国要富，农民必须富"。建设宜居宜业和美乡村，不断缩小城乡差距，解决城乡差别、乡村发展不平衡和不充分的问题，让农业成为有奔头的产业，让农民成为有吸引力的职业，让农村成为安居乐业的家园，从而实现中国共产党的执政宗旨和社会主义的本质要求，具有重要的现实意义。

第五章 建设宜居宜业和美乡村要求与任务

自新中国成立以来，我国依靠农业农村的支持，在一穷二白的基础上建立起比较完整的工业体系和国民经济体系。改革开放以来，广大农民工群体为推进工业化、城镇化作出了巨大贡献。当前我国发展最大的不平衡是城乡发展不平衡，最大的不充分是农村发展不充分，需要正确处理工农关系、城乡关系。本章解析了在新时代背景下宜居宜业和美乡村建设的要求与任务，强调建设宜居宜业和美乡村是协调城乡、工农关系，实现农业、农村、农民全面发展的重要举措，有助于实现城乡融合发展。

第一节 建设宜居宜业和美乡村的要求

（一）指导思想

以习近平新时代中国特色社会主义思想为指导，坚持农业农村优先发展，把乡村建设摆在社会主义现代化建设的重要位置，顺应农民群众对美好生活的向往，以普惠性、基础性、兜底性民生建设为重点，强化规划引领，统筹资源要素，动员各方力量，加强农村基础设施和公共服务体系建设，建立自下而上、村民自治、农民参与的实施机制，既尽力而为又量力而行，求好不求快，干一件成一件，努力让农村具备更好生活条件，建设宜居宜业美丽乡村。

（二）工作原则

——尊重规律、稳扎稳打。顺应乡村发展规律，合理安排村庄建设时序，保持足够的历史耐心,久久为功、从容建设。树立正确政绩观,把保障和改善民生建立在财力可持续和农民可承受的基础之上,防止刮风搞运动,防止超越发展阶段搞大融资、大拆建、大开发,牢牢守住防范化解债务风险底线。

——因地制宜、分类指导。乡村建设要同地方经济发展水平相适应、同当地文化和风土人情相协调,结合农民群众实际需要,分区分类明确目标任务,合理确定公共基础设施配置和基本公共服务标准,不搞齐步走、"一刀切",避免在"空心村"无效投入、造成浪费。

——注重保护、体现特色。传承保护传统村落民居和优秀乡土文化,突出地域特色和乡村特点,保留具有本土特色和乡土气息的乡村风貌,防止机械照搬城镇建设模式,打造各具特色的现代版"富春山居图"。

——政府引导、农民参与。发挥政府在规划引导、政策支持、组织保障等方面作用,坚持为农民而建,尊重农民意愿,保障农民物质利益和民主权利,广泛依靠农民、教育引导农民、组织带动农民搞建设,不搞大包大揽、强迫命令,不代替农民选择。

——建管并重、长效运行。坚持先建机制、后建工程,统筹推进农村公共基础设施建设与管护,健全建管用相结合的长效机制,确保乡村建设项目长期稳定发挥效用,防止重建轻管、重建轻用。

——节约资源、绿色建设。树立绿色低碳理念,促进资源集约节约循环利用,推行绿色规划、绿色设计、绿色建设,实现乡村建设与自然生态环境有机融合。

第二节　建设宜居宜业和美乡村的任务

(一) 加强村庄规划建设管理

坚持县域规划建设一盘棋,明确村庄布局分类,细化分类标准。合理划定各类空间管控边界,优化布局乡村生活空间,因地制宜界定乡村建设规划范围,严格保护农业生产空间和乡村生态空间,牢牢守住18亿亩耕地红线。严禁随意撤并村庄搞大社区、违背农民意愿大拆大建。积极有序推进村庄规划编制。发挥村庄规划指导约束作用，确保各项建设依规有序开展。建立政府组织领导、村民发挥主体作用、专业人员开展技术指导的村庄规划编制机制，共建共治共享美好家园。未来村庄格局会继续演变分化，要顺应村庄发展规律和演变趋势，做到规划先行，优先保障农民居住、乡村基础设施、公共服务空间和产业用地需求，因地制宜分类推进。集聚提升类村庄要鼓励发挥自身比较优势，强化主导产业支撑；融入城镇类村庄要加快城乡产业融合发展、基础设施互联互通和公共服务共建共享；特色保护类村庄应立足自然景观保护利用，重视农文旅等生态涵养功能统筹结合；搬迁撤并类村庄要做好易地扶贫搬迁后续配套建设与就业帮扶。

（二）构建现代乡村产业体系

发展乡村特色产业，拓宽农民增收致富渠道。实施设施农业现代化提升行动。依托乡村特色优势资源，打造农业全产业链，把产业链主体留在县城，让农民更多分享产业增值收益。加快健全现代农业全产业链标准体系，推动新型农业经营主体按标生产，培育农业龙头企业标准"领跑者"。立足县域布局特色农产品产地初加工和精深加工，建设现代农业产业园、农业产业强镇、优势特色产业集群。推进公益性农产品市场和农产品流通骨干网络建设。开发休闲农业和乡村旅游精品线路，完善配套设施。推动现代服务业同现代农业深度融合，发挥农业多功能性。加快发展农村物联网，建设高效顺畅的物流体系。促进数字经济和农业产业深度融合，以"数实融合"优化资源要素配置。健全现代文化产业体系和市场体系，创新农文旅新业态。推进农村一二三产业融合发展示范园和科技示范园区建设，把农业现代化示范区作为推进农业现代化的重要抓手。

（三）实施农村道路畅通工程

继续开展"四好农村路"示范创建，推动农村公路建设项目更多向进村入户倾斜。以县域为单元，加快构建便捷高效的农村公路骨干网络，推进乡镇对外快速骨干公路建设，加强乡村产业路、旅游路、资源路建设，促进农村公路与乡村产业深度融合发展。推进较大人口规模自然村（组）通硬化路建设，有序推进建制村通双车道公路改造、窄路基路面拓宽改造或错车道建设。加强通村公路和村内道路连接，统筹规划和实施农村公路的穿村路段建设，兼顾村内主干道功能。积极推进具备条件的地区城市公交线路向周边重点村镇延伸，有序实施班线客运公交化改造。开展城乡交通运输一体化示范创建。加强农村道路桥梁、临水临崖和切坡填方路段安全隐患排查治理。深入推进农村公路"安全生命防护工程"。加强农村客运安全监管。强化消防车道建设管理，推进林区牧区防火隔离带、应急道路建设。

（四）强化农村防汛抗旱和供水保障

加强防汛抗旱基础设施建设，防范水库垮坝、中小河流洪水、山洪灾害等风险，充分发挥骨干水利工程防灾减灾作用，完善抗旱水源工程体系。稳步推进农村饮水安全向农村供水保障转变。强化水源保护和水质保障，推进划定千人以上规模饮用水水源保护区或保护范围，配套完善农村千人以上供水工程净化消毒设施设备，健全水质检测监测体系。实施规模化供水工程建设和小型供水工程标准化改造，更新改造一批老旧供水工程和管网。有条件地区可由城镇管网向周边村庄延伸供水，因地制宜推进供水入户，同步推进消防取水设施建设。按照"补偿成本、公平负担"的原则，健全农村集中供水工程合理水价形成机制。

（五）实施乡村清洁能源建设工程

巩固提升农村电力保障水平，推进城乡配电网建设，提高边远地区供电保障能力。发展太阳能、风能、水能、地热能、生物质能等清洁能源，在条件适宜地区探索建设多能互补的分布式低碳综合能源网络。按照先立后破、农民可承受、发展可持续的要求，稳妥有序推进北方农村地区清洁取暖，加强煤炭清洁化利用，推进散煤替代，逐步提高清洁能源在农村取暖用能中的比重。

（六）实施农产品仓储保鲜冷链物流设施建设工程

加快农产品仓储保鲜冷链物流设施建设，推进鲜活农产品低温处理和产后减损。依托家庭农场、农民合作社等农业经营主体，发展产地冷藏保鲜，建设通风贮藏库、机械冷库、气调贮藏库、预冷及配套设施设备等农产品冷藏保鲜设施。面向农产品优势产区、重要集散地和主要销区，完善国家骨干冷链物流基地布局建设，整合优化存量冷链物流资源。围绕服务产地农产品集散和完善销地冷链物流网络，推进产销冷链集配中心建设，加强与国家骨干冷链物流基地间的功能对接和业务联通，打造高效衔接农产品产销的冷链物流通道网络。完善农产品产地批发市场。实施县域商业建设行动，完善农村商业体系，改造提升县城连锁商超和物流配送中心，支持有条件的乡镇建设商贸中心，发展新型乡村便利店，扩大农村电商覆盖面。健全县乡村三级物流配送体系，引导利用村内现有设施，建设村级寄递物流综合服务站，发展专业化农产品寄递服务。宣传推广农村物流服务品牌，深化交通运输与邮政快递融合发展，提高农村物流配送效率。

（七）实施数字乡村建设发展工程

推进数字技术与农村生产生活深度融合，持续开展数字乡村试点。加强农村信息基础设施建设，深化农村光纤网络、移动通信网络、数字电视和下一代互联网覆盖，进一步提升农村通信网络质量和覆盖水平。加快建设农业农村遥感卫星等天基设施。建立农业农村大数据体系，推进重要农产品全产业链大数据建设。发展智慧农业，深入实施"互联网+"农产品出村进城工程和"数商兴农"行动，构建智慧农业气象平台。推进乡村管理服务数字化，推进农村集体经济、集体资产、农村产权流转交易数字化管理。推动"互联网+"服务向农村延伸覆盖，推进涉农事项在线办理，加快城乡灾害监测预警信息共享。深入实施"雪亮工程"。深化乡村地名信息服务提升行动。

（八）实施村级综合服务设施提升工程

推进"一站式"便民服务，整合利用现有设施和场地，完善村级综合服务站点，支持党务服务、基本公共服务和公共事业服务就近或线上办理。加强村级综合服务设施建设，进一步提高村级综合服务设施覆盖率。加强农村全民健身场地设施建设。推进公共照明设施与村内道路、公共场所一体规划建设，加强行政村村内主干道路灯建设。加快推进完善革命老区、民族地区、边疆地区、欠发达地区基层应急广播体系。因地制宜建设农村应急避难场所，开展农村公共服务设施无障碍建设和改造。

（九）实施农房质量安全提升工程

推进农村低收入群体等重点对象危房改造和地震高烈度设防地区农房抗震改造，逐步建立健全农村低收入群体住房安全保障长效机制。加强农房周边地质灾害综合治理。深入开展农村房屋安全隐患排查整治，以用作经营的农村自建房为重点，对排查发现存在安全隐患的房屋进行整治。新建农房要避开自然灾害易发地段，顺应地形地貌，不随意切坡填方弃渣，不挖山填湖、不破坏水系、不砍老树，形成自然、紧凑、有序的农房群落。农房建设要满足质量安全和抗震设防要求，推动配置水暖厨卫等设施。因地制宜推广装配式钢结构、木竹结构等安全可靠的新型建造方式。以农村房屋及其配套设施建设为主体，完善农村工程建设项目管理制度，省级统筹建立从用地、规划、建设到使用的一体化管理体制机制，并按照"谁审批、谁监管"的要求，落实安全监管责任。建设农村房屋综合信息管理平台，完善农村房屋建设技术标准和规范。加强历史文化名镇名村、传统村落、传统民居保护与利用，提升防火防震防垮塌能力。保护民族村寨、特色民居、文物古迹、农业遗迹、民俗风貌。

（十）持续推进农村人居环境整治

推进农村厕所革命，加快研发干旱、寒冷等地区卫生厕所适用技术和产品，因地制宜选择改厕技术模式，引导新改户用厕所基本入院入室，合理规划布局公共厕所，稳步提高卫生厕所普及率。统筹农村改厕和生活污水、黑臭水体治理，因地制宜建设污水处理设施，基本消除较大面积的农村黑臭水体。健全农村生活垃圾收运处置体系，完善县乡村三级设施和服务，推动农村生活垃圾分类减量与资源化处理利用，建设一批区域农村有机废弃物综合处置利用设施。加强入户道路建设，构建通村入户的基础网络，稳步解决村内道路泥泞、村民出行不便、出行不安全等问题。全面清理私搭乱建、乱堆乱放，整治残垣断壁，加强农村电力线、通信线、广播电视线"三线"维护梳理工作，整治农村户外广告。因地制宜开展荒山荒地荒滩绿化，加强农田（牧场）防护林建设和修复，引导鼓励农民开展庭院和村庄绿化美化，建设村庄小微公园和公共绿地。实施水系连通及水美乡村建设试点。加强乡村风貌引导，编制村容村貌提升导则。

（十一）实施农村基本公共服务提升行动

发挥县域内城乡融合发展支撑作用，强化县城综合服务功能，推动服务重心下移、资源下沉，采取固定设施、流动服务等方式，提高农村居民享受公共服务的可及性、便利性。优先规划、持续改善农村义务教育学校基本办学条件，支持建设城乡学校共同体。多渠道增加农村普惠性学前教育资源供给。巩固提升高中阶段教育普及水平，发展涉农职业教育，建设一批产教融合基地，新建改扩建一批中等职业学校。加强农村职业院校基础能力建设，进一步推进乡村地区继续教育发展。改革完善乡村医疗卫生体系，加快补齐公共卫生服务短板，完善基层公共卫生设施。支持建设紧密型县域医共体。加强乡镇卫生院发热门诊或诊室等设施条件建设，选建一批中心卫生院。持续提升村卫生室标准化建设和健康管理水平，推进村级医疗疾控网底建设。落实乡村医生待遇，保障合理收入，完善培养使用、养老保障等政策。完善养老助残服务设施，支持有条件的农村建立养老助残机构，建设养老助残和未成年人保护服务设施，培育区域性养老助残服务中心。发展农村幸福院等互助型养老，支持卫生院利用现有资源开展农村重度残疾人托养照护服务。推进乡村公益性殡葬服务设施建设和管理。开展县乡村公共服务一体化示范建设。

（十二）加强农村基层组织建设

深入抓党建促乡村振兴，充分发挥农村基层党组织领导作用和党员先锋模范作用。大力开展乡村振兴主题培训。选优配强乡镇领导班子特别是党政正职。充实加强乡镇工作力量。持续优化村"两委"班子特别是带头人队伍，推动在全面推进乡村振兴中干事创业。派强用好驻村第一书记和工作队，健全常态化驻村工作机制，做到脱贫村、易地扶贫搬迁安置村（社区）、乡村振兴任务重的村、党组织软弱涣散村全覆盖，推动各级党组织通过驻村工作有计划地培养锻炼干部。加大在青年农民特别是致富能手、农村外出务工经商人员中发展党员力度。强化县级党委统筹和乡镇、村党组织引领，推动发展壮大村级集体经济。常态化整顿软弱涣散村党组织。完善党组织领导的乡村治理体系，推行网格化管理和服务，做到精准化、精细化，推动建设充满活力、和谐有序的善治乡村。推进更高水平的平安法治乡村建设，依法严厉打击农村黄赌毒、侵害农村妇女儿童人身权利等各种违法犯罪行为，切实维护农村社会平安稳定。

（十三）深入推进农村精神文明建设

深入开展习近平新时代中国特色社会主义思想学习教育，广泛开展中国特色社会主义和中国梦宣传教育，加强思想政治引领。弘扬和践行社会主义核心价值观，推动融入农村发展和农民生活。拓展新时代文明实践中心建设，广泛开展文明实践志愿服务。推进乡村文化设施建设，建设文化礼堂、文化广场、乡村戏台、非遗传习场所等公共文化设施。深入开展农村精神文明创建活动，持续推进农村移风易俗，健全道德评议会、红白理事会、村规民约等机制，治理高价彩礼、人情攀比、封建迷信等不良风气，推广积分制、数字化等典型做法。加强农村精神文明建设。深入开展社会主义核心价值观宣传教育，融入法治建设、融入社会发展、融入日常生活。加强法治教育，引导农民办事依法、遇事找法、解决问题用法、化解矛盾靠法，自觉遵守村规民约。善用积分评比激励，广泛开展文明评选表彰，发挥农村"熟人社会"的"面子效应"。推动移风易俗专项治理，坚持疏堵结合，抓住关键少数，规范健全群众自治机构。

（十四）强化提升乡村治理能力

完善村党组织领导乡村治理的体制机制。建立以基层党组织为领导、村民自治组织和村务监督组织为基础、集体经济组织和农民合作组织为纽带、其他经济社会组织为补充的村级组织体系。发挥党员在乡村治理中的先锋模范作用。规范村级组织工作事务。增强村民自治组织能力。丰富村民议事协商形式。全面实施村级事务阳光工程。积极培育和践行社会主义核心价值观。实施乡风文明培育行动。发挥道德模范引领作用。加强农村文化引领。推进法治乡村建设。加强平安乡村建设。健全乡村矛盾纠纷调处化解机制。加大基层小微权力腐败惩治力度。加强农村法律服务供给。支持多方主体参与乡村治理。提升乡镇和村为农服务能力。

第六章 建设宜居宜业和美乡村的理论基础

建设宜居宜业和美乡村是新时期全面推进乡村振兴的重要举措，也是协调城乡关系，实现城乡融合发展的重要路径，符合城乡交互作用机理以及乡村嬗变规律。建设宜居宜业和美乡村的理论基础既包括认知乡村衰退、城乡差距拉大的不均衡发展理论，也包括实现乡村由衰转兴的城乡交互作用理论、乡村韧性理论等。本节基于城乡隔离、对立、一体、融合的发展阶段，梳理总结了国内外相关理论，构建了建设宜居宜业和美乡村的理论基础。

第一节 不均衡发展理论

1.1 赫希曼的不平衡发展理论

1958年，美国经济学家赫希曼提出"不平衡发展理论"（Hirschman，1958）。他在《经济发展战略》中指出："一国经济要提高其国民收入水平，必须首先发展其内部一个或几个地区中心的经济力量"，这些增长点的出现就意味着增长的不平衡是增长本身不可避免的前提条件。而某一点的先进会给随后的其他点带来走向增长的压力、拉力与强制力量。赫希曼认为，核心地区的增长动力主要来源于所产生的聚集经济效益，但核心区的聚集不可能无限地进行下去，因为在区域不平衡发展过程中将产生两种效应，扩散效应和极化效应。扩散效应指的是城市地区的成长对农村地区产生的产品购买、投资增加以及农村地区向城市地区的移民，并由此提高农村地区的边际劳动生产率和人均消费水平。极化效应是指由于城市的发展，其高工资、高利润吸引农村的资本和人才。扩散效应有利于缩小农村与城市的发展差距，而极化作用则趋于扩大城乡间既有的发展差距。这两种效应的大小决定于城市的发展在多大程度上依赖于农村的产品。如果城市的发展必须依靠于农村的产品，那么，扩散效应与极化效应相比，终究将会占据优势。反之，如果城市的发展主要依赖于国外产品的供给，那么扩散效应的产生将受到抑制，极化效应将占据主导地位。

1.2 佩鲁的"增长极"理论

法国经济学家弗朗索瓦佩鲁等人，以赫希曼的不平衡发展理论为基础，提出"增长极"理论。佩鲁在《二十世纪的经济》中充分阐释了"增长极"理论（Perroux, 1955）。他认为，社会是一个异质集合体支配作用在经济生活中处主导地位，支配关系是一种普遍的社会现象，各个组织与团体之间都存在着一种支配和被支配的不平等关系。经济发展实质是一个支配与被支配相互作用的不平等、不平衡的动态过程。因此，增长不是同时出现在所有的地区，而是首先出现一些增长极（中心城市），然后通过扩散带动整个经济发展。

佩鲁的增长极理论应用于空间研究，提出增长并非同时出现在所有的地方，它以不同的强度首先出现在一些增长点或增长极上（中心城市极核上），然后通过不同的渠道向外扩散，并对整个经济产生不同的最终影响。其理论主要用以论述推进型产业或关键产业在经济发展中的作用。在经济增长中，由于某些主导部门或有创新能力的企业或行业在特定区域或大城市聚集，形成一种资本与技术高度集中，具有规模经济效益，自身增长迅速并能对城市边缘区及外围区产生强大辐射作用形成增长极，并通过其吸引力和扩散力不断增大自身规模，对所在地区产生支配性影响，从而使增长极所在地区优先增长，进而带动相邻地区共同发展。

佩鲁从四个方面阐述了增长极的作用机制：（1）技术创新与扩散。增长极能不断地进行技术创新，从而使新技术、新产品、新组织和新的生产方法层出不穷。它一方面能吸引其它地区的最新技术和人才，另一方面又将新技术扩散到其它地区；（2）资本的聚集与输出。增长极良好的投资环境，能从其所在地区和部门吸引和集聚大量资本，同时为了满足其对原材料、农产品等需求，增长极又向周围地区和部门输出资本；（3）产生规模经济效益。增长极的企业和行业集中，生产规模庞大，可以形成规模经济，产生内在经济效益，同时由于完善的基础设施以及其他服务部门的建立，因而形成了显著的外部经济效益；（4）产生凝聚经济效果。增长极的形成，将促使产业活动和技术、资本、贸易、人口在地域上的聚集，产生具有多种功能的经济中心，并通过与周围地区的密切联系，利用吸引和扩散作用机制推动整个区域乃至一个国家的经济发展。

1.3 弗里德曼的"核心—边缘"理论

基于对发展中国家的空间发展规划问题的长期研究，美国地理学家约翰弗里德曼1996年提出了"核心—边缘"理论，强调任何区域都是由一个或若干个核心区域和边缘区域组成。核心地区是由一个城市或城市集群及其周围地区所组成。边缘的界限由核心与外围的关系来确定（Friedmann，1966）。

在城乡发展方面，城乡空间是由"核心区"和"边缘区"构成的，"核心区"多指工业发达、人口密集、经济增长迅速的城市地区，而"边缘区"则是经济较为落后的农村地区。据此理论，城乡经济发展在空间上的表现一般经历以下4个阶段：一是工业化前阶段。经济不发达，各地基本自给自足，地区之间互不关联，彼此孤立，不成系统；二是工业化初期阶段。随着社会分工的深化、生产的发展、商品交换日益频繁，位置优越、资源丰富或交通方便的地点发展成为核心，也就是城市。相对于这个中心来说，其他地区就是它的边缘。边缘的资源、人力、资金等向核心流动，核心不断向边缘扩展，也就是城市化的过程。核心与边缘发展不平衡；三是工业化成熟阶段。核心发展很快，核心与边缘之间存在不平衡的关系，包括权利分配问题、资金流动、技术创新、人口流动等在"核心-边缘"间进行不对等的流动和集聚；四是大量消费阶段。边缘地区产生的次中心逐步发展，终于发展到与原来的中心相似的规模，达到相互平衡。整个区域变成一个功能上相互依赖的城市体系，开始有关联的平衡发展。

"核心—边缘"理论对于城乡经济发展与空间结构变化都具有较高解释价值，

它肯定了城市在区域经济发展中的中心地位，认为城市在强化自身经济社会实力的同时，通过交通、信息、商品、流通、金融等系统把它与周边区域紧密连接在一起，就可能带动边缘区域的城镇和农村的发展，这成为实现发展中国家城乡关联发展的重要依据。值得注意的是，发展中国家实际的"核心—边缘"结构并不完善，农村在资源利用和权力分配上均处于劣势地位，如果得不到国家制度的强有力保护，仅仅依靠自身的力量无法控制住资源的外流，这样更不利于自身的可持续发展，城乡关系也很难实现真正的平等与协调发展。

第二节　城乡交互作用理论

城乡交互作用研究基本上是随着工业化进程中城乡关系的变迁而不断深化的。城市与农村的经济属性在产业革命以前没有发生根本性改变，在这一时期对城乡交互作用的相关研究基本处于空白状态。然而，随着产业革命带动社会大分工，城市和农村出现二元分化，这时对城乡关系及交互作用理论的相关研究开始萌芽。随着工业化进程的推进众多国外学者们日益认识到，城乡之间在经济、社会、空间和环境上是相互依存和互为补充的。这种认识的一个直接后果便是"城乡关系"向"城乡关联"和"城乡互促融合"的转变（王华，陈烈，2006）。城乡关联互促是指公共与私人资本、人员以及物资在城市与农村地区之间日益增加的流动；更为重要的是，在此基础上，增加了思想流动、信息流动、创新和生活方式扩散化的流动。

2.1　马克思主义的城乡关系理论

马克思、恩格斯认为，乡村演变为城市，生产者也随之发生变化，通过生产而改变着自身，形成新的观念、需求和语言等。农业是社会分工和其他经济部门独立及城市经济发展的基础，城乡关系的产生是由于农业和工业分工造成的；城市的发展加剧了城乡之间的对立，一切发达的以商品交换为媒介的分工基础都是城乡的分离；工业与城市经济的发展及其带来的规模经济效益和聚集经济效益对农村和农业的拉动作用是统筹城乡发展的前提和条件（王枫云，2011）。

在城乡关系的发展趋向上，马克思、恩格斯认为，城乡关系是沿着"城乡混纯城乡分尚城乡对立城乡关联城乡统筹城乡融合"的历史发展脉络演进的。大致可以概括为三个阶段：第一阶段，即在资本主义以前的社会，因为当时生产力水平很低，社会分工不明确，这时的社会以农业为主，商业和手工业在社会中的作用不是十分重要。此时，乡村在社会系统中占据主导地位，城市从乡村中诞生，乡村成了城市的摇篮。第二阶段，从工业革命开始，社会化分工不断深化，新的生产方式加速推进城市的发展，城市经济在社会中的主体地位日益突出，城乡经济、社会、文化等的差异也越来越大，开始走向了对立面，城市成为政治、经济和文化的中心，相反乡村经济的发展相对滞后。第三阶段，生产力和城市的进一步发展加强了城市与乡村的依存度，城市和乡村逐步走向融合。由于城市和乡村的差别，会使工业在控制农业的前提下，不断渗透到农业之中，带动了农业的产业化。这种融合让城市和乡村相互吸纳，互为补充，城乡差别不断缩小，最终达到城乡错位发展整体推进，实现城乡一体化。

马克思认为，当生产力发展到一定水平时，"城市和乡村之间的对立也会消失，从事农业和工业劳动的将是同样一些人，而不是两个不同的阶级。"恩格斯认为城乡融合是一种必然趋势，"通过消除旧的分工进行生产教育，变换工种，共同享受大家创造出来的福利，以及城乡融合，使全体成员的才能得到全面的发展。"马克思还在《共产主义原理》中还提出了实现"城乡融合"的途径："通过消除旧的分工，进行生产教育、交换工种、共同享受大家创造出来的福利，以及城乡的融合，使全体成员的才能得到全面的发展。"

2.2 城乡二元经济理论

（一）刘易斯二元经济模型

"二元经济"或"二元经济结构"，指发展中国家在实现产业结构转换和工业化的过程中，由于部门间生产函数与劳动生产率的差异、区域之间或区域内经济发展的不平衡等原因，导致的经济两极分化现象。1954年，刘易斯在《劳动力无限供给条件下的经济发展》中提出了发展中国家的"二元经济结构理论"，即发展中国家并存着城市中以制造业为主的现代化部门和农村中以传统生产方式为主的农业，由于发展中国家农业中存在着边际生产率为零的剩余劳动力，因此农业剩余劳动力的非农化转移能够促使二元经济结构逐步消减（Lewis，1954）。这是第一个较为系统地论述二元经济结构及其转换问题的理论模型，为后续的二元理论研究奠定了基础。根据这一理论，只要城市工业部门能够提供高于传统农业部门平均工资水平的收入，农村就会有"无限供给"的劳动力转移到城市工业中去，一直持续到工业和农业的劳动力平均工资持平为止。在这一过程中，农村劳动力不断转移到城市部门，它实质上就是一个工业化和城市化的过程。刘易斯模型解释了发展中国家现代化的工业和技术落后的传统农业同时并存的经济结构（传统经济与现代经济并存），而农业剩余劳动力向非农部门转移，能够促使二元经济结构逐步消减。

（二）拉尼斯-费景汉二元经济模型

二十世纪六十年代，美国经济学家费景汉和拉尼斯（Fei and Ranis，1961）在刘易斯模型的基础上，进行补充、修正和完善后，提出了一个新的二元经济结构转换模式，形成了著名的"拉尼斯-费景汉"模型，揭示了农业与工业部门的相互联系，强调农业劳动生产率的提高是保证工业部门扩张和农业剩余劳动力转移的必要条件。该模型的最大亮点在于将工业和农业同时发展结合了起来。他们认为农业不仅为工业扩张提供必要的劳动力，还为工业部门提供农产品剩余。如果农业不发展或发展缓慢，就不能为工业提供所需的农产品剩余，从而使工业扩张受到阻碍。因此，只有采取措施提高农业劳动生产率，实现与工业部门劳动生产率的同步提高，才能保证满足越来越多的非农产业劳动力对产品的消费需求，以及为工业部门提供充足的劳动力，工农业的平衡发展成为二元结构转换的核心。由此我们可以看出，费景汉和拉尼斯的理论是主张用工农业的平衡发展来实现二元结构的转换。

(三) 托达罗模型

针对发展中国家出现的农村人口流入城市和城市失业同步增长的持续并存，迈克尔-托达罗（Harris and Todaro，1970）提出了"期望收入"的概念，较好地解释了在发展中国家普遍存在的这种矛盾现象。他认为，农业剩余劳动力向城市工业的转移决策，是根据"预期"的而不是实际的城乡收入差距，影响预期的因素有两点：一是城乡实际工资差距的大小，二是在城市找到工作机会可能性的大小。农业剩余劳动力是在权衡了这两个因素之后，才做出是否向城市工业转移的决策。这表明只要城市工业的"预期收入"值大于农业的"预期收入"值，农业剩余劳动力就会不断地涌入到城市，这将进一步造成城市劳动力市场严重失衡，致使失业问题益严重。所以仅依靠工业扩张不能解决发展中国家正在经历的严重失业问题，应注重农业和农村自身的发展，鼓励农村综合开发，增加农村就业机会，缓解城市人口就业压力。他还指出，要大力发展农村经济，建立农村工业，以吸收剩余劳动力，提高农民收入水平，以减少城市的向心力。

2.3 城乡融合发展理论

(一) 缪尔达尔的循环积累因果理论

循环积累因果理论由瑞典著名经济学家缪尔达尔在1957年提出（Myrdal，1957）。该理论指出，在一个动态的社会过程中，社会经济各因素之间存在着循环累积的因果关系。某一社会经济因素的变化，会引起另一社会经济因素的变化，这后一因素的变化，反过来又加强了前一个因素的那个变化，并导致社会经济过程沿着最初那个因素变化的方向发展，从而形成累积性的循环发展趋势。市场力量的作用一般趋向于强化而不是弱化区域间的不平衡，即如果某一地区由于初始的优势而比别的地区发展得快一些，那么它凭借已有优势，在以后的日子里会发展得更快一些。

在《经济理论和不发达地区》中，缪尔达尔利用"扩散效应"、"回流效应"、

"循环积累因果关系"等概念，解释地理二元结构形成的原因。他认为，市场的作用一般倾向于增加，而不是减少城市与农村之间的不平衡。在商品、资本、人员等要素的自由流动中，城市中心区域因积累形成初始优势比其他地区具备发展先机，只要这种机会保持，就会形成"循环累积因果关系"，从而造成城市更先进，农村更落后。当城市发展到一定程度时，就会形成"扩散效应"，城市的各种资源自动向农村扩散，从而缩小城乡差距。

（二）麦基的城乡一体化发展理论

加拿大学者麦基通过对中国、韩国、泰国、台湾等许多亚洲国家与地区长达年的经济社会发展研究发现，这些地区正在发生急剧的社会变迁。城市与农村界限渐模糊，城乡之间的联系日益密切，农业活动与非农业活动密切关联，城乡之间出现了一种以农业活动和非农业活动并存、兼具农村和城市特点的地域组织类型。对此，麦基于1989年提出了Desakota的概念（在印尼语中，desa指村庄，kota指城市），"Desakota"意为城乡一体化，是城市性、农村性在同一地域上双重作用的产物，这种空间模式下城市和农村的区域概念趋于模糊（McGee，1991）。他认为Desakota区域，既与传统意义上的农村不一样，也与通常意义上的城市不一样，即既不是农村，也不是城市，但同时具有这两种社会的特征。麦基认为，这种空间形态是城乡两大地理系统相互作用、相互影响而形成的一种新的空间形态（McGee，2008）。

"Desakota"概念的提出，促使地域组织类型呈现为城市、农村、城乡边缘区三元结构，这种变化是在同一地域上城市与农村之间相互作用频繁发生的结果，也打破了城市与农村这一对传统意义上相互封闭、界限分明的空间概念，削弱了旧的城乡二分法观点，从城乡相互联系和相互作用的角度为城市和农村空间形态的研究提供了一种新视角。它的提出使西方学者认识到传统的以城市为主导、忽视农村发展的城市化模式的局限性。城乡一体的发展模式，是一种城乡关系发展的新理论，并正日益被全球更多的学者们所接受。

(三) 城乡等值化理论

城乡等值化的概念最早源于德国巴伐利亚州的城乡等值化实验，自上世纪50年代开始试验并逐步成为德国农村发展的普遍模式（胡和平，胡振亚，2008）。1965年，巴伐利亚州基于《联邦德国空间规划》，制订了《城乡空间发展规划》，规划将"城乡等值化"确定为区域空间发展和国土规划的战略目标，从法律上明确了这一发展理念（毕宇珠，2012）。该目标要求城乡居民具有相同的生活条件、工作条件、交通条件，保持和建立同等的公共服务，保证土地资源的合理利用，保护水、空气、土壤等自然资源。通过空间发展规划，统一相同的生活质量和公共设施、劳动就业、居住、文化福利设施等条件，落实城乡协调发展理念。

城乡等值化发展并不意味着城乡差别、产业结构、经济生产方式、文化、空间景观等消失，也不意味着社会区域由非均质空间演变为一种绝对的均质空间，而是逐渐缩小城乡社会经济发展程度、生态基础设施享用水平、公民生活品质，从而加强城乡相互依存关系，促进城乡发展更趋协调（毕宇珠等，2012）。城乡等值化理论包括四方面含义：从构建城乡发展的理念均等到实现等值的公共设施配置，再到实现平等的社会福利和权利，最后到在城乡之间实现均等的个人财富和社会地位。城乡等值化发展，就是立足城乡地域系统的交互性与动态性，推进工业与农业、城市与农村的良性互动，推行城乡同地同价、同工同酬、基本权益均等化（Liu et al.，2013）。城乡等值化的理论内涵在于立足农村地区，基于自身资源优势和发展特点挖掘特色产业，实现经济增长并缩小城乡差距。该理论的特点在于基于农民自身意愿，寻求农村发展的模式，实现符合农民需要的生活方式（李培，2007）。城乡等值化强调通过消除城乡差别，促进农村经济与社会的协调发展，提升农村居民的整体生活质量，使农村达到和城市相当的生活质量，实现城乡不同类但等值的理念（陈菊根，2007）。

第三节 乡村韧性理论

韧性是乡村地域系统的基本属性，由于未来的不确定性和不可预测性，抵御外界风险的韧性对于系统稳定性和可持续发展显得尤为重要。作为对乡村衰退问题的响应，乡村韧性研究受到国内外学者的广泛关注（李玉恒等，2023）。韧性体现了乡村应对扰动冲击，维持系统稳定，将损失最小化并寻求转型发展的能力，成为理解乡村内核系统与外界环境系统交互作用的重要抓手，强调了乡村通过经济、社会、生态等内核子系统的调整与适应，最大限度吸收外界扰动冲击而保持自身功能稳定与发展水平不变的能力，从而避免了系统运转不稳甚至瓦解（Heijman et al.，2007；Scott，2013；李玉恒等，2019）。

韧性一词源于拉丁文"resilire"，指弹回或跳回，是可持续科学的7个核心问题之一（Kates，2001）。韧性是乡村地区实现可持续发展的必要条件。基于复杂适应系统理论，乡村系统具有适应能力，以便更好地在客观环境中生存。在不同的发展阶段，乡村系统存在着不同的均衡状态以及应对外界扰动冲击的能力，通过忍受、抵御外界冲击或者通过组织与系统重构，从而实现可持续发展（Folke et al.，2002）。乡村韧性源于乡村系统内部各组成部分自下而上的、独立的发展方式，从而产生相较于自上而下的、指挥型的发展方式，更稳固、适应性更强的乡村系统（Mugford and Rohan-Jones，2006）。已有研究发现乡村韧性受多重因素的影响，包括乡村领导者（Sorensen and Epps，2005）、民众信任（Bridger and Alter，2006）、土地所有结构（Skerratt，2013）、公众社会责任感（Keogh et al.，2011）、乡村文化传统（Chiang et al.，2014）、乡村经济及民众归属感（Phil et al.，2012；Artur and Jane，2015；McIntosh et al.，2008）。

乡村韧性决定着乡村地区在结构重组变化之前忍受外界扰动的度，描绘了乡村地区如何维系自身经济、社会和生态功能的均衡状态。在乡村内核系统与外界环境系统交互作用下，乡村的经济、社会结构得以重新塑造，地域功能不断发生演化和变异（李玉恒等，2022）。乡村演化过程中出现的增长、停滞、衰退乃至消亡是不同地域乡村系统与外部环境系统交互作用的结果，符合自然规律。乡村衰退、消亡是外界发展环境变化的冲击超过了一部分乡村的韧性阈值，而乡村对外界冲击未能及时做出适应性的响应而导致的直接后果（Li et al., 2019）。

基于"压力-状态-响应"视角，乡村韧性具有自身的发生机理。"压力"指外界扰动对乡村系统的冲击和胁迫，是负效应过程；"状态"指面对外界压力时乡村系统的经济、基础设施、人口与生态环境等发展现状；"响应"指乡村系统在外界压力作用时及作用后采取的应对措施如积极抵御以降低损失、主动作为以加快恢复、自我调整以提升适应性和实现发展转型，"响应"反映了乡村主体对系统状态变化的正反馈过程（李玉恒等，2021）。面对不同的外界冲击，乡村系统展现出不同的韧性水平。洪水、地震、泥石流等灾害冲击通常会在短时间内超越乡村系统的韧性阈值并对乡村基础设施、经济、人身安全造成致命性破坏。人口外流、老龄化、气候变化等长期、缓慢型的冲击对乡村经济、社会、生态带来的影响是渐进式的，乡村有一定时间做出适应性调整，但当这种冲击累积到一定程度如造成了劳动力严重短缺、长期干旱等问题，乡村的经济、社会、生态系统将出现紊乱，进而影响到乡村系统稳定性（图6-1）。

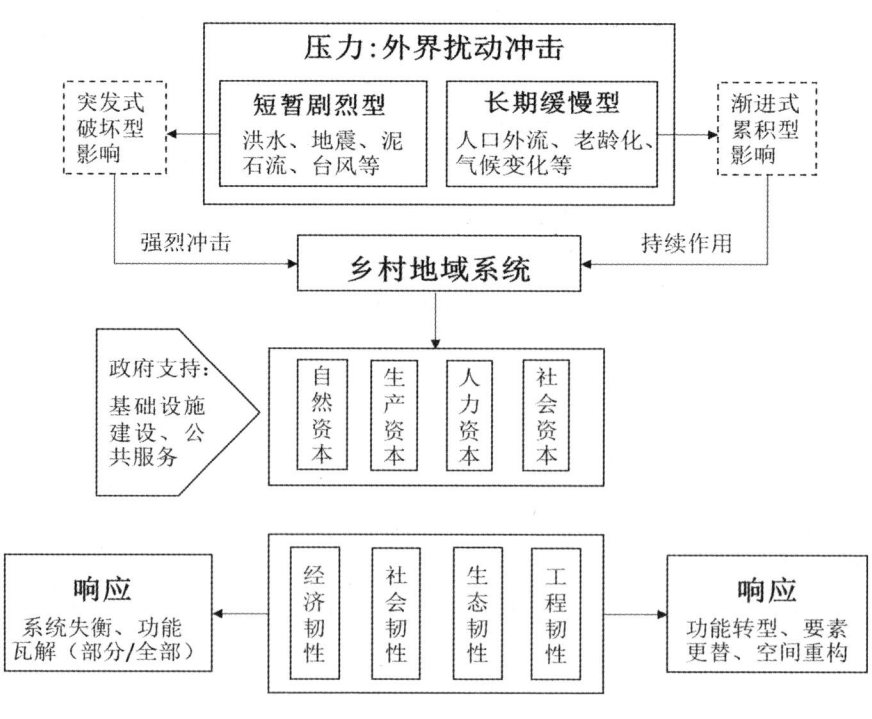

图 6-1 乡村韧性发生机理示意图

乡村韧性是乡村对外界环境变化产生的冲击的响应过程，包括3方面的能力，即乡村地域系统吸收、抵御外界扰动的同时，保存与维系既有系统结构和功能的抵御能力；乡村系统通过革新、改造与自学习对外界不确定性与挑战的适应能力；乡村系统通过彻底改革与改变，从而创造全新发展方式，提升系统自身潜能，进而更好地适应未来外界发展环境扰动的转型能力（Folke，2006；Li，2023）。如图6-2所示，乡村韧性的3方面能力呈递进关系。抵御外界扰动冲击的能力是维系乡村系统功能和均衡状态的基础，在外界压力冲击下，乡村内核系统通过结构调整逐步恢复到原有的均衡状态。在适应阶段，乡村系统中在外界压力冲击反复发生中汲取教训和经验，通过要素耦合方式及内在结构的重组，实现适应性调整，进而提升自身应对压力冲击的适应力，系统恢复至原有均衡状态的时间较抵御阶段更短。在转型阶段，乡村系统在适应外界扰动冲击的基础上，通过自身革新，实现系统功能、发展方式等的全新转变，可以有效规避外界压力冲击或将冲击的负面影响降到最小，系统恢复至原有均衡状态的时间进一步缩短，达到更高水平的均衡状态。

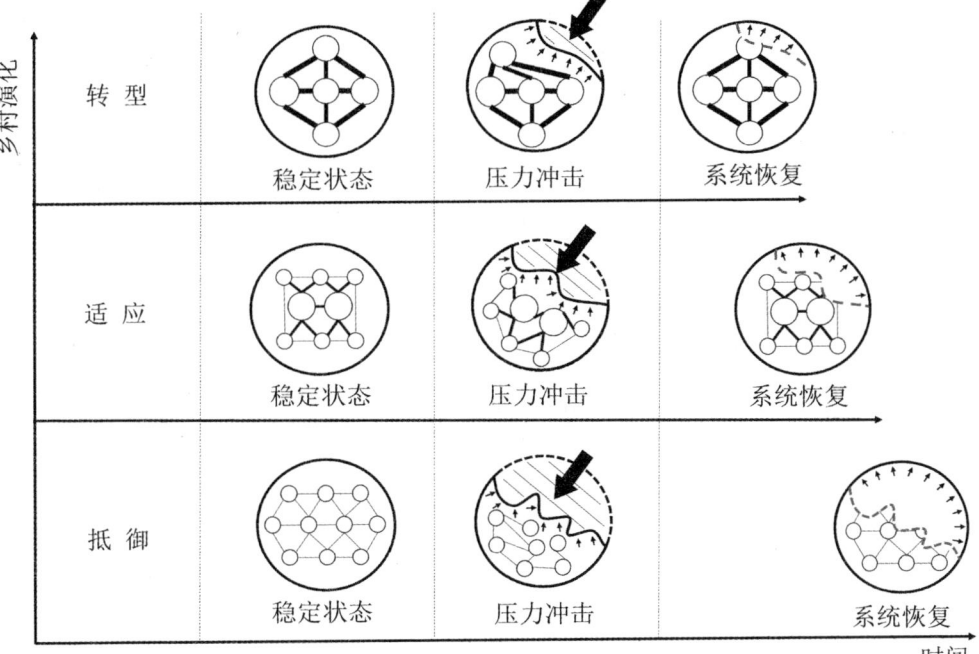

图6-2　乡村韧性3阶段演化逻辑图

宜居宜业和美乡村建设的关键在于科学、系统把握乡村系统演化过程及其规律，不断提升自身经济、社会、生态、制度等子系统韧性，提高应对外界挑战及未知风险的能力，为实现乡村振兴与可持续发展奠定坚实基础。

第七章 建设宜居宜业和美乡村的国际经验

在快速城市化进程中,西方发达国家普遍经历了由于人口流失所引发的乡村衰退问题,并在长期实践中探索形成了乡村由衰转兴的若干典型模式,对于我国实施乡村振兴战略,开展宜居宜业和美乡村建设具有重要启示意义和借鉴价值。本章从不同视角遴选了四个国际案例,详细剖析了德国的村庄整治、法国的村庄革新、日本的新农村建设、瑞典的社会资本助推乡村振兴,梳理总结了各典型案例的经验及对中国开展新时期乡村建设的启示。

第一节 德国村庄整治

1.1 循序渐进下的乡村更新

第二次世界大战结束至20世纪中期,德国的乡村发展滞后,基础设施破败不堪,就业机会短缺,公共服务供给不足,大量农村人口迫于生计而涌入城市。1954年,村庄更新的概念被正式提出,在《土地整理法》中政府将乡村建设和农村公共基础设施完善作为村庄更新的重要任务。1976年,德国在总结原有村庄更新经验的基础上,不仅首次将村庄更新写入到修订的《土地整理法》,而且试图保持村庄的地方特色和独具优势来对乡村的社会环境和基础设施进行整顿完善。到了20世纪90年代,村庄更新融入了更多的科学生态发展元素,乡村的文化价值、休闲价值和生态价值被提升到和经济价值同等的重要地位,实现了村庄的可持续发展。

如图 7-1 所示，德国循序渐进型的乡村治理模式是针对经济社会的快速发展，政府不断调适现行的乡村治理目标、方式和手段，以求实现农村社会的整体效益，是一项长期的社会实践工作。在循序渐进型的乡村治理模式下，政府通过宏观上的规划制定和综合管理，依靠制度文本和法律框架促进农村社会的有序发展。

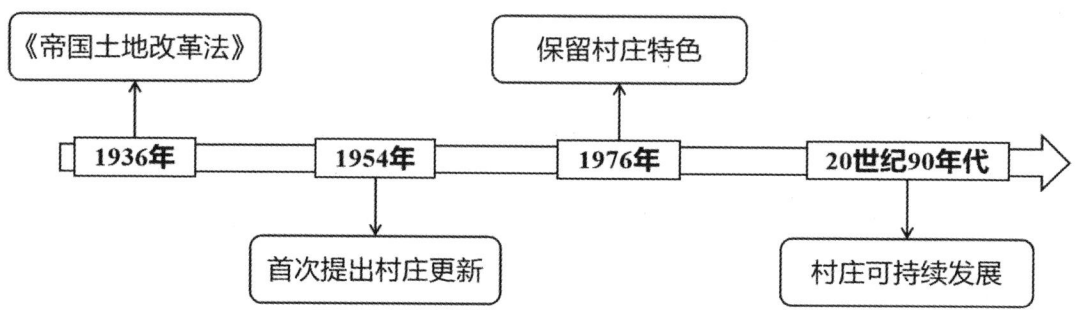

图 7-1　德国循序渐进模式下的乡村更新

1.2　巴伐利亚州的城乡等值化试验

不仅有高度发达的制造业和服务业，而且拥有现代化的农业和繁荣发展的农村。整个州 60% 的人口和 50% 的国内生产总值集中在乡村，农业和农产品加工业也成为该区域仅次于汽车和机械制造业的第三大产业。巴伐利亚州的乡村不仅吸引半数以上的中小企业在此落户，支撑经济发展和就业，而且还保留了田园牧歌式的乡村生活，吸引了大量的国内外游客。1200 万人口的巴伐利亚州每年接待的游客数量超过 3000 万人，这些游客很多会选择住在当地农庄，粗略估算，1/4 的农场收入来自旅游，每年政府仅就住宿收入征收的税款就达 10 亿欧元之多。由于自然环境天然优美，当地的农产品也大受欢迎，成为健康、营养的代名词。有专家指出，巴伐利亚之所以具有优美的自然景观，恰恰因为长期以来它是一个落后地区，缺乏资源和财政资金搞工业化建设和城市开发，反而因祸得福地保留了巨大的自然资源财富，印证了"绿水青山就是金山银山"。

1950 年，德国赛德尔基金会提出了城乡等值化理念，即通过土地整理、村庄更新的方式实现"城市与农村生活不同类但等值"的目的。作为德国最大的农业州之一，巴伐利亚州的城乡等值化试验推进了土地整理与乡村更新相结合，具有一定代表性。回顾巴伐利亚州在城乡协调发展的路径，主要是围绕"城乡等值化"的战略目标，通过城乡空间规划体系设计、基础设施建设、财政转移支付、产业结构调整、土地综合整治等措施来实现。巴伐利亚州的土地整理主要集中在乡村地区以及保留有乡村结构的地区，包括通过细碎土地的合并与整治来提高农业及林业生产条件、乡村更新、为村镇建设释放土地空间、乡村景观格局规划、公共设施用地整理、特殊农作物田块整理以及高山草地与林地整理（Guenther，1986）。1982年，巴伐利亚州政府制定了《巴伐利亚州乡村更新纲要》，强调乡村土地整理中的产权调整、田块合并及规划编制的重要性（Wei，1999）。村庄更新规划包括农业结构改善措施、村庄建筑措施等，使乡村生活和生产条件适应城市化的发展。规划的制定由乡镇政府和参加者协会通过多部门的合作以及居民参与共同制定（何芳，1997）。村庄更新规划与土地整理紧密结合，并通过土地整理来推进规划实施，以解决如基础设施用地储备、农业结构调整、自然景观保护等各种问题。

权属管理贯穿于乡村土地整理的整个过程。在立项阶段，要明确土地整理区内的权属现状并制定详细的权属调整方案。在项目执行期，要对地产交易、地产评估、土地重新分配等内容进行明确规定。随着权属变更登记生效，新的所有者将继承土地的全部义务和权利，并完成土地变更登记、地籍登记、自然保护登记等内容（陈晓军，2012）。此外，巴伐利亚州的土地整理与乡村更新强调对生态环境的保护与建设，在立法、规划及措施等各方面都有明确的规定和要求，还强调公众参与的重要性，让村民参与决策与规划制定，使土地整理建立在民众参与和民主监督基础上。

德国的巴伐利亚试验促进了农村从传统农业向多功能、综合性发展的转变，体现了土地整理在改善农林生产条件、土地资源合理发展利用、乡村自然环境和景观保护、乡村基础设施建设等方面的重要作用，使得农村地区具有与城市同等的吸引力，促进了城乡融合发展，成为德国农村发展的普遍模式（李玉恒等，2019）。

当前，巴伐利亚州不仅有高度发达的制造业和服务业，而且拥有现代化的农业和繁荣发展的农村。统计数据显示，整个州60%的人口和50%的国内生产总值集中在乡村，农业和农产品加工业成为该区域仅次于汽车和机械制造业的第三大产业。巴伐利亚州的乡村不仅吸引半数以上的中小企业在此落户以支撑经济发展和就业，同时保留了田园牧歌式的乡村生活，吸引了大量的国内外游客，1200万人口的巴伐利亚州每年接待的游客数量超过3000万人。粗略估算，农场收入的1/4来自旅游，每年政府仅就旅游住宿收入征收的税款就达10亿欧元之多。由于自然环境天然优美，当地的农产品也大受欢迎，成为健康、营养的代名词。巴伐利亚之所以具有优美的自然景观，恰恰因为长期以来它是一个落后地区，缺乏资源和财政资金搞工业化建设和城市开发，反而因祸得福地保留了巨大的自然资源财富，印证了"绿水青山就是金山银山"。

回顾巴伐利亚州在城乡协调发展的路径，主要是围绕"城乡等值化"的战略目标，通过城乡空间规划体系设计、基础设施建设、财政转移支付、产业结构调整、土地综合整治等措施来实现。1960年，该州的《城乡空间发展规划》以城乡居民具有同等的生活、工作和交通条件为目标，不仅保持大城市的经济实力，而且在农村地区建造小城镇中心，实现城乡公共服务设施的均衡配置。针对欠发达的地区，该区域还实施了交互地方税制度，用财政转移的方式缩小地区间人均财政支付能力。在产业结构调整方面，政府通过土地及税收优惠措施，鼓励企业和高校搬迁到乡村地区，大大增强了乡村地区的经济和文化活力。此外，通过村庄土地整治，包括农地合并、农业生产设施改善、土地开发复垦和居民点建设等，盘活了土地资本，拉动了乡村投资和消费，促进了农村地区的经济发展。更重要的是，通过充分调动民众参与，公共责任意识得以增强，乡村社区的凝聚力普遍增强，越来越多的年轻人也回到乡村。

1.3 德国乡村建设实践的启示

均衡的城市化和生产力布局，更有利于乡村地区发展。德国通过空间规划和区域政策引导工业向小城市和镇布局，带动了乡村地区的发展。中国城镇化进程中各类资源明显向大城市集中，这种以东南沿海地区和大中城市为主、农民大跨度转移就业的人口迁移模式，对乡村腹地的带动效果较差。因此在基础设施投资、医疗和教育资源布局、土地指标分配等方面为中西部地区县城和小城镇发展创造条件。盘活小城市和镇这些节点，增强其辐射和带动能力，才能为城乡融合发展提供有效支点。

乡村土地综合整治需适应快速城镇化、工业化进程中乡村地区人地关系变化的现实背景及客观需求。德国在城市化进程中始终重视乡村土地整治，在不同发展阶段赋予其不同功能。中国农村土地整治侧重于提高耕地质量、增加耕地面积，未能实现与乡村发展深度融合。因此，应赋予中国农村土地整治更完整的功能，将其作为实施乡村振兴战略的重要基础平台，推动土地整治与农业规模经营、乡村旅游、基础设施建设、景观和环境保护等相结合，以期实现农村生产、生活、生态"三生"空间格局的重构。

第二节　法国村庄革新

法国是个经济高度发达的资本主义国家，工农业发展迅速，均实现了现代化。然而，法国农业大发展的时间并不长，1945年前法国农业人口占总人口数的一半左右，这期间主要农产品依靠从殖民地进口。二战结束后，法国迎来农业发展的两个重要时期，一是战后十多年的快速恢复期，二是20世纪60-70年代的迅速发展期。法国仅用了二十多年时间就实现了农业现代化，70年代末一跃成为全世界农业最发达的国家之一。1971年，法国由农产品净进口国变为净出口国，成为世界上最重要的农产品出口国之一。

2.1　综合发展型模式下的农村改革

法国以满足农村现代化需求为核心，通过农村建设的集中化、专业化、大型化，推动了乡村综合发展。法国的农村改革主要包括"一体化农业"和"领土整治"两方面内容。"一体化农业"即在生产专业化和协调化的基础上，工商业资本家与农场主通过控股或缔结合同，利用现代科学技术和现代企业管理方式，将农业与同农业相关的工业、商业、运输、信贷等部门结合起来，组成利益共同体。继而通过其他部门和机构提供的资金和技术指导，带动农业建设，实现对农业的支持和反哺。法国一体化农业的表现形式基本上可概括为三种类型：①互相控股类型，指由工业、商业、金融和农业企业互相控制股份组成的企业。这种相互控股和建立在主公司范围内统一财产所有权基础上的混合公司在法国特别流行，它能科学地利用劳动分工为其带来巨大经济利益，使生产更加合理化与现代化。②垂直的合同关系。这是一种通过合同把与农业有关的行业组织起来形成的综合体，也称为垂直的不完全一体化。这种类型在法国占比最高。合同制把生产、交换和分配过程联成一体，提高了社会性劳动生产率，促进了农业生产的专业化，加快了农业技术现代化进程。③各种类型合作社。法国合作社形式多样，如购销合作社、农产品加工合作社、服务合作社、农业生产合作社，以及制造生产资料的农业合作企业。

"领土整治"是通过国家相关的法律法规支持经济欠发达地区乡村发展，实现农村社会资源的优化配置，旨在解决区域发展不平衡，也包括山地、河流和海岸的治理以及生态环境的保护等。特别是随着经济和城市化的高度发展，法国社会对于环境保护的愿望变得空前强烈。领土整治主要包含三方面布局的改革：①鼓励发展农村工商业。法国在农业地区和山区农村有选择地开辟了一些新工业区，吸引外来企业投资建厂。为此，政府通过法令，设立地区发展奖金。法令规定，凡是按照国家规定，到指定的具体落后地区新建和扩建工厂的企业，不管属于任何性质的工厂，只要达到国家规定的投资限额和安排一定的新的就业人员，便可以获得"地区发展奖金"；同时给这些企业在5年内享受全部或部分免税和减税优待，减收土地增殖税，财产转移税和建筑物折旧均可免税。国家还设立"农村特别救济金"，奖励工业企业和其它行业迁厂到那些居住人口稀少的农村和人口出生率低的地区建新厂。②恢复发展农村手工业。手工业在保证就业、增加农民收入方面作用独特。国家设立了"手工业企业装备奖金"，鼓励在农村和乡镇及新兴城市附近发展手工业企业。政府规定：手工业企业投资在5-10万法郎以内者可以获得奖金8000法郎，投资在10-15万法郎以内者可以获得奖金1.2万法郎，依此类推。鼓励发展适合农村需要的农产品、食品加工业和小型加工工业。政府规定：只要它们能够对落后的农业地区和山区农村做出贡献，就可以获得农业方向奖金。③大力发展农业畜牧业。在法国，农民收入50%以上靠畜牧业，提高畜牧业生产现代化水平，是发展农村经济、增加农民收入的关键。因此政府采取了一些奖励办法和技术措施，保证了农民购买畜牧业现代化机器装备和其它设备。

通过上述各项措施，到20世纪70年代，法国西部农业地区已基本实现了工业化，中部山区农村现代化建设也有较大进展。法国用了大约23年的时间，改变了局部地区农村的落后面貌。

2.2 法国农村改革的特征

法国综合发展模式下的农村改革特别强调政府对农业的支持与干预，主张对农村地区进行大量财政、技术援助，持续增加落后地区基础设施供给。主要表现为农村基础设施建设、农业投资、农村教育与农技推广体系建设、农业保护政策（图7-2）。

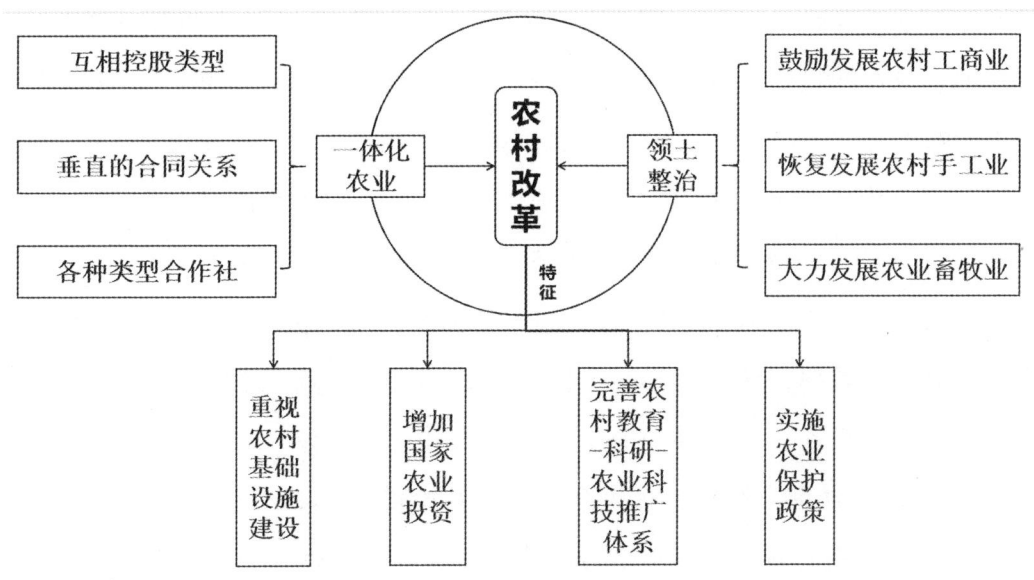

图 7-2 法国综合发展模式下的农村改革

重视农村基础设施建设。在农村改革初期，法国非常重视农村基础设施建设，并把它放在首位。政府根据各地区经济发展和自然条件的不同，因地制宜地采取适当措施，有步骤、有重点、分期分批地进行各项工程的兴建。①大力兴建农田水利基础设施。早在1952年，政府通过法令，成立了各种专业化的公私合营公司，让它们承担各地区整治工程和农田水利的兴建，并由政府制定计划和统一管理。农田水利工程的大部分投资由中央政府提供，一般占到工程投资总额的60-75%。1955年修改法令，允许地方政府的农业、工业部门参加投资与管理。国家资金所占比重逐渐下降，银行和专业金融机构投入了大量资金，这对农田基本建设起了推动作用。在1951-1961年间，法国农田基本建设有较快的发展，农田水利工程实现了效益。②大力发展农村交通运输和电讯事业。1955-1965年间，法国大规模修建了各种公路网，加速实现铁路现代化、电气化、内燃化，此外还大力发展海运、航运事业、并使农村的公路、铁路、航运同发达的工业区相沟通，这使农村交通大为方便。在第四个经济计划时期内，着重发展农村电讯事业，使电讯线路增加40%，农村小型水力发电站有了较大发展，农村电气化和自来水供应扩大到边远乡村和山区农村。这为支援农村经济建设、改善农村生活条件提供了良好的物质条件。

增加国家农业投资。第二次世界大战前，法国农业以私人投资为主。战后，政府重视对农业的投资，并决定把农业投资正式纳入国家预算项目。农业在国家预算中所占的比重不断提高。1975年法国政府用于农业的财政支出达339.79亿法郎，用于农业投资的新增贷款150亿法郎，农业财政投资占当年农业投资总额662.79亿法郎的51.3%。1980年、1985年、1986年、1987年法国政府农业财政投资分别为134、150、260、269亿法郎，呈不断提升的趋势。在整个农业投资过程中，强调使用效率，注意引导、激励其它投资主体参与。国家通过经济社会发展基金奖励农业投资。1965年该基金提供私人农场的投资达1.91亿法郎，发给补助金达193.63万法郎；同期，提供合作农场的投资达2.41亿法郎，发给补助金达2777万法郎，投资总额共4.31亿法郎。

完善农村教育、科研与农业科技推广体系。二战后，随着科学技术革命日益加深，法国整个国民经济空前发展。与此相适应，农业要求改造自己的技术装备和提高管理水平。但此时的法国农民和大多数中、小农场没有接受过任何训练，根本无力利用现代化科学、技术新成就，从某个意义上说，他们并不是科学、技术进步的体现者，而是受害者。为了提高农民教育素质、提升农业科技实力，提供相匹配的农业科研推广体系，法国出台了一系列政策措施。①建立以高等、中等教育和农业业余教育为主要内容的农业教育体系。从 1967 年开始，法国政府设立了农业技术教育奖学金制度，要求农民子弟必须经过绿色证书毕业考试，系统地接受现代化农业职业教育。②建立完整的农业科研体系和健全的推广体系。在农业研究方面，形成以法国国家农业研究院（INRA）为主体的农业科研创新体系；在农业技术推广方面，积极探索教育、科研、推广三位一体的农业科研新机制。③政府鼓励地方和私人在农业地区创办农业科学研究机构，为此，还设立了科学研究活动地方奖金，规定：凡投资额在 1000 万法郎以上的科研企业可获得占设备投资的 15-25% 的该项奖金。

实施农业保护政策。在法国农业现代化、农业生产力和产量提高方面，法国政府对农业实行的政策性补贴起着重要作用。20 世纪 60 年代初，法国政府出台的对生产领域的补贴政策有：①鼓励土地兼并，对失去土地的农民给予赔偿和生活补贴。为了扩大农场经营规模，法国政府和国家银行高价购买"无生命力农场"，并优先卖给大农场主，出售土地的农场主可得到 35 年的预备年金。鼓励年老体衰者提前退休，给予终身生活补助。允许安置青年农民的土地 5 年内免交 50% 的土地税；②动用国家财力（低息贷款或无偿投资）协助建立各种类型的农业合作社和互助组织，引导农民走向互助和合作；③对农作物、畜产品和加工品进行补贴，农作物按面积补，牲畜按头数补，葡萄酒按质量补；④建立一系列服务型的机构，从金融机构、道路交通到农产品加工，为法国农业、农村和农户服务；⑤对购买农业机器设备、农用燃料、农用化肥采取补贴或免税等优惠办法。如购买农机具给予 15% 的补贴，使用燃料给予免税等优惠待遇。

2.3 法国农村改革的启示

法国农村改革与我国社会主义新农村建设也有很多相似之处。首先，在工业化过程中，政府作用是十分必要的，甚至政府的干预本身就是发展的一个重要因素。在我国，农业还是弱质产业，农民还是弱势群体，农村还是落后地区，单纯依靠市场配置资源，按照比较利益原则和竞争原理，农业是吸引不到资源的。这就注定了在新农村建设的具体操作过程中，担负起推动角色的是国民经济的管理者——从中央到地方的各级政府部门。

积极引导大型工商企业进入农业。大型工商企业进入农业领域，最有现实意义的是"两个新突破"：一是突破了农业产业化经营只局限于农业内部的农工商综合经营，实现了工-农-商三大产业的真正联合；二是突破了部门利益和地区封锁导致的狭隘经济，在企业与农业的有机结合中，形成了新的工农互促的良性经济循环，加快了农业现代化实现。因此，在社会主义新农村建设中，要大力发展农业关联产业群，把农业关联产业深深地渗透入农业，与农业建立稳定的结合关系，形成农、工、商相互渗透，产、加、供、运、销联成一气的一体化经营模式。

注重协调区域经济发展。城乡差距扩大和区域发展不平衡的问题一直是困扰中国经济发展的顽疾。农业太弱、农民太少、农村太穷，是不发达地区的共性。因此，必须把解决"三农"问题与协调区域经济发展结合起来。在新农村建设中，要注意基于不同的经济基础和自然条件而采取差异化政策。对于西部山区，新农村建设重点应放在植被保护、水土涵养和环境改善上；对于中部地区，投资农田基本建设，提升农业综合生产能力是主要内容；对于东部发达地区，则主要依靠非农资本的介入，来加快传统农业改造。

第三节　日本新农村建设

日本的农村发展经历了一个长期复杂的过程（表7-1），具有阶段性、长期性和综合性三个特点。20世纪50-60年代，日本的乡村发展以传统小农经济为主导，政府采取措施确保农户耕者有其田，实现温饱与粮食稳定生产。20世纪70年代至世纪末，日本的乡村发展围绕产业振兴，以农业现代化发展为抓手，促进了农村经济社会发展与农民增收，缩小了工农和城乡差距。进入新世纪以来，针对乡村地区普遍面临的人口流失、老龄化、发展严重滞后于城市等问题，日本政府通过立法，加大投入等方式，吸引年轻人返乡或鼓励公司在乡村地区建设工厂，以推进乡村建设。

表7-1 日本农村发展阶段及其特点

发展阶段	特征	具体措施
传统小农经济 1946-1960年	实现耕者有其田，巩固和维持小规模农户经营组织形式。	1946年颁布《自耕农创设措施特别法方案》和《农地调整法修改方案》，政府从地主手中收买土地，低价卖给农民，在财政、金融和价格方面支持和保护自耕农的小规模经营。制定并实施一系列国土综合开发计划，对农村发展给与宏观指导。
农业现代化带动农村发展 1961-1998年	从产业振兴角度切入，促进农业发展，提高农民收入，推动农村发展，缩小工农和城乡差距。	1961年颁布《农业基本法》和《农业现代化资金筹措法》，修订了《农地法》和《农振法》等法律法规。大力发展农村工业，推动农业现代化，提高农业生产率，扩大农户经营规模。
农村与农业并行发展 1999年以后	关注农村建设问题，振兴农村，实现农业和村民的同步发展。	制定《山区振兴法》、《景观法》等配套法律，明确振兴农村的目标，支持山区半山区农民从事农业生产，大力增加农村基础设施投入，吸引年轻人留在农村和新的农业劳动者进入农村。制定地域性的产业重振计划，推进农村、山村及渔村地区振兴，设立"农村建设专项费"，支持农村个性化、新环境型发展。鼓励农村地区发展非农产业，吸引城市工商业向农村延伸，促进小城镇产业发展。支持人才能力建设，建立城市与农村共存及双向交流机制。改革农协组织，提高管理效率，增强服务功能。

作为国际农村发展的典型，日本的新农村建设具有广泛的代表性和示范意义，本节详细梳理总结了日本的新农村建设运动。

3.1 日本新农村建设历程

第一轮新农村建设：新农村建设构想

1955年，日本政府提出"新农村建设构想"，强调发挥农民自主性和创造性，完善农业基建设施，推动农民互助合作，这标志着第一轮新农村建设兴起。此次建设重点如下：①明确推行区域。围绕建立农民经营共同体为轴心，明确规定符合一定规模的农村方可入围建设计划，做到了精准定位，避免了政策粗滥。②成立农业振兴协议会。立足区域特色，发扬民智和民主，在新农村建设区域成立由政府、农民和地方社团共同组建的农业振兴协议会，负责制定该地区振兴规划并推动付诸实施。③加大资金扶持。在依靠政策性支农资金和地方农民自有资金的基础上，推行最高可至40%的中央政府特殊补贴等一系列叠加补助，不断增加对新农村建设的资金扶持力度。④颁布专门法律保障。先后颁布了《农业基本法》等法律，利用政府投资、免息或低息贷款和直接补贴等多种形式支持农业农村发展，同时不断整合农村地区的金融、教育等资源，推动农业农村现代化。

第二轮新农村建设：经济社会发展计划

1967年，日本政府提出"经济社会发展计划"，强调推动农业农村现代化，推进产业均衡发展，缩小城乡差距，这标志着日本第二轮新农村建设兴起。此轮建设重点如下：①成立专门机构。新设构造改善局等机构，专门负责规划农村水利建设等工作，旨在进一步完善农业和农村基础设施，推动农业农村现代化水平提升。②强调生活环境改善。提出"魅力农村"目标，重视农村生态保护，翻新和改建农宅，发展农村科教文卫事业，建立农村社会保障制度，改善人居生活质量。③推动农村劳动力就地转移。日本政府先后颁布了《农村工业引进法》等法律，借助低息贷款、税收减免等优惠政策，建设农村产业园，鼓励工业转移，为农民提供就地非农就业机会，以此来抑制农民外流，提高农民收入，改善农村面貌。

第三轮新农村建设：造村运动

20世纪70年代末，造村运动于日本农村诞生，最具影响力的当属始于1979年兴起于日本大分县的"一村一品"运动，这标志着日本第三轮新农村建设兴起。大分县在全县范围内推进实施"一村一品"运动，鼓励农村依据自身资源禀赋，因地制宜发展特色产品。政府设立专职部门，支持农产品生产和特色产品研制。同时，政府还开设人才培训班为"一村一品"运动培养优秀人才，打造属于农村自己的品牌并进行推广。在1980-2001年间，通过实施"一村一品"运动，大分县的产品种类由143种增长到336种，销售额由3.3亿美元增长到13亿美元。全县的人均收入也实现了翻番,位居九州地区 7 个县之首(Nobuya,2008)。

日本因地制宜模式下的新农村建设运动包含多方面内容:①开发地域农特产品。重点围绕产业基地建设和地理品牌培育两个环节,以地方资源禀赋优势为核心组建产业基地,开发、推广农特产品。②增加农产品附加值。发展以农林牧渔产品及其加工品为原料的大规模、专业化工业生产,追求短平快发展,增加农产品附加值。③重视发挥农协作用。发挥农协经营指导职能,引导农民统一种植和饲养等标准,开展联合销售和批量买卖,提高农民市场话语权。④完善农村金融体系。围绕农协为核心大力发展农村合作金融,同时强化农业政策性金融支持,为农民生产经营提供免息和低息贷款。⑤注重人才培养。开办免费补习班,委派专家学者下乡讲学,定期组织学生和家庭妇女外出考察,既"造村"又"造人"(图 7-3)。

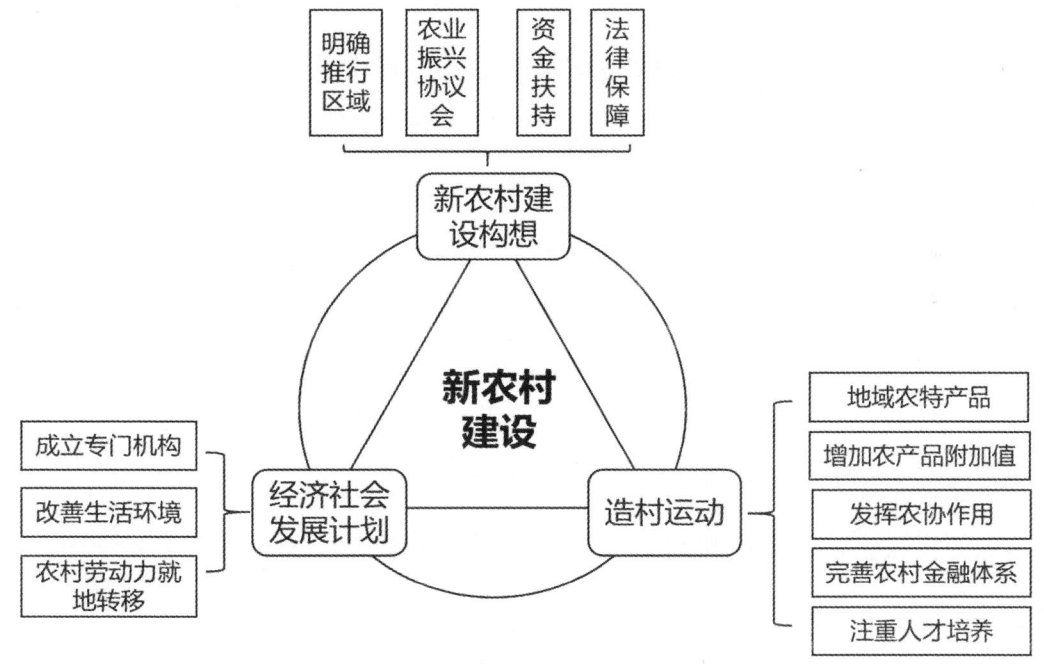

图 7-3 日本因地制宜模式下的村庄建设

3.2 日本新农村建设的启示

在区域发展过程中,把农村、农业和农民放到同等重要的地位,既重视农业基础设施建设，又重视农村社区建设和农民自身的发展。通过各级政府机构与农协组织，以国内农业保障为目的，结合农业和工业生产，培育农村多重产业形态发展。重视各种配套体系建设，如土地规划、投资体制、环境保护机制与农民参与机制。建立农业协同组合（即农协），通过农协把过去分散的小规模农户集中起来，提供包括购销、教育、信贷和保险等在内的农村服务，改善农民的交易地位，减轻了政府的行政负担，这是日本农村发展过程中最大的特色之处。

首先，推行"政府主导+农民参与"模式。一是明确政府定位，加大资金支持。政府应主动承担责任，轻口号宣传，重政策落地，可考虑汇集产学研多方力量，成立专业化理论研究中心、规划设计院等机构，协同开展理论和实践研究，确保乡村振兴战略政策的科学性。政府也应构建以财政保障为基石、以金融倾斜为重点、以社会参与为目标的资金投入体系，着力加大农村科教文卫、养老保障等社会事业投入，加快补齐农村公共产品欠账。

二是坚持农民参与，切实解决难题。在此过程中，大分县将培养勇于开拓进取、富有创造力的本地人才作为保持"一村一品"运动长盛不衰的核心要务，通过对本地人才的持续培训与技能提升锻炼，全面增强了农民自我发展能力，为农村经济的发展转型与可持续发展奠定了坚实的人力资源基础。我国乡村地区人力资源状况堪忧，农民组织化、专业化水平较低，严重制约了乡村传统产业的转型升级与新兴产业的培育。进入新世纪以来，各地不断鼓励与引导发展"一村一品"，然而民众的知识水平有限、市场竞争与抗风险能力较低、现代化的企业运营与管理能力不足，难以有效支撑乡村产业的发展。因此，政府努力加大对农民技能培训的投入，扩大农民接受再学习、再教育的机会，提高其学习新知识、接受新技能的能力，不断提高农民知识化、专业化、组织化程度，为广大农村地区人力资本建设奠定基础，是新时期我国推进乡村建设的关键环节。此外，还要重视农民合作组织、乡村精英在发展乡村经济，提升乡村产业竞争力中的引领示范作用，由此打造构建乡村新型经营主体。在此过程中，政府要加强政策导向、激励引导等公共服务职能，强化农民的市场主体地位，充分尊重农民的发展意愿，最大程度地调动农民生产积极性。

三是支持建立专业化农业合作经济组织，推动农民自我管理、服务和发展。日本政府重视非营利性组织（NPO）、高校在乡村建设中的作用。他们是衔接政府、在地居民、投资者、游客、媒体的纽带与桥梁，同时提供了包括研究、实践在内的学术性资产，对本地乡村的发展能起到比较大的促进作用。政府应在落实乡村建设过程中，在做好引导、管理和监督的基础上，鼓励新型农业经营主体带头创办专业化农业合作经济组织，政府则重点在资金、管理、法律等方面予以支持，实现本地农民与高校、游客、媒体等的有效合作。

第四节 瑞典社会资本助推乡村振兴

4.1 瑞典乡村社区建设

从20世纪40年代末开始，瑞典乡村地区的发展逐渐出现减缓、衰退迹象。政府在70年代大力推进乡村地区的公共服务建设，一定程度上减缓了乡村衰退趋势。然而，随着80年代知识经济的兴起，除了城郊地区的乡村外，瑞典广大乡村地区的衰退问题再度显现。因此，瑞典通过发展生态农业实现自身的转型。目前瑞典农业产值只占国内生产总值的2%，农、林、牧、渔的从业者也仅占总就业人数的21%，但由于其农业现代化水平和劳动生产率高，不仅自给有余，还有出口。而且该国还成为世界上生态农业发展水平最高的国家之一，瑞典的乡村也成为了一道亮丽的风景。

保护乡土建筑。18世纪末期，瑞典进入飞速发展阶段，很多农民进城务工，农业和农村也进入了现代化进程。出于对传统农村民俗文化消失的担心，1850年前后，瑞典的一批学者开始研究农村传统民俗、乡土建筑等。最初的保护手法是修建民俗博物馆，以展示过去的传统生活方式；到19世纪初瑞典成立了一些民间文化遗产保护协会，开启了乡土建筑保护的历史；到了20世纪二三十年代有很多地方及农村成立了一些民间协会，研究、收藏和保护当地历史和建筑，迄今为止瑞典已成立了1850个民间历史和保护协会。同时，瑞典还通过立法手段保护乡土建筑，并且不分国保、省级、市县级文物保护单位，而是按性质类型和国有、私有进行分类，如是私有建筑可在修复时从政府和文物部门得到保护理念及专业技能等方面的帮助，在特殊情况下还可以得到经济上的资助。

宣传节能环保的建设理念。作为维京人的后代，瑞典人敬畏、眷恋大自然，尊重环境，并能用可持续发展的观念约束自己的行为，具有很强的节能环保意识。瑞典政府也非常注重对全民族的环保教育，瑞典公民自小学三年级便开始学习垃圾分类的相关知识。此外，政府还编制了垃圾收集及基础处理宣传册发给居民，使居民便于掌握相关知识，从而在源头上减少垃圾的产生。人们不仅能较为自觉地履行相关法律、法规的权利和义务，更会主动向议会和政府提出加强自然资源管理的需要，推动各种相关制度的建设。因此，瑞典才会存在全球独一无二的古老法规——"自由通行权"，即在大自然中，每个人都可以自由通行，即便是属于私人的草地或森林，也不例外。

推行完备的乡村社会保障制度。瑞典的农村社会保障制度覆盖面极广，包括教育和就业以及住房、养老等多个方面。长期以来，瑞典政府始终致力于对各种福利政策的制定和贯彻，并予以较大的投入，每年用于社会保障方面的支出占整个国民收入的40%左右。并且，各种社会保障强制要求所有公民必须参加各种社会保险。通过强制执行，最大限度地保证公众的受保障程度。政府在制定各种农村社会保障制度时，采取了普遍性与特殊性高度结合的方式，即各种社会保障制度惠及所有民众，如在养老保障方面，养老金人人有份，数额也相同。但是，为了更好地提高保障水平，政府还为部分群体提供附加养老金，即按照具体对象的收入、纳税情况、工作技能、劳动性质等来提供养老保障，具有较强的个体差异性。这样一来，既实现了社会保障的最大化，也兼顾了特殊群体的实际情况，实现了普遍性与特殊性的有机结合。

形成垃圾处理的现代化产业。瑞典是全世界生活垃圾处理最成功的国家之一，垃圾分类收集系统中的垃圾产生、转运、处理的各个环节都设有配套的基础设施，并且没有明显的城乡差别，乡村社区的固废管理是全国固废管理的组成部分，如每个社区都设有交流废物间，可以把自家不用的物品放在里面，很大程度上促进了物尽其用,并将乡村固废的收集、转运和资源化利用纳入所在市政及废物管理企业的管理系统。同时政府还制定了垃圾处理法律法规,建立了完备的垃圾处理制度,并且实施公司化运行,实现垃圾处理的产业化模式。

4.2 奥勒村社会资本助推乡村高质量发展

奥勒村(Åre)位于瑞典西北部耶姆特兰省的奥勒市,属于瑞典北部山区普通的乡村。奥勒村所在地区因其天然的雪场资源成为北欧较为著名的滑雪旅游地,旅游业带动了宾馆、休闲、购物等产业发展。20世纪60年代中期,瑞典启动了北部振兴计划以应对区域内乡村人口持续减少的问题。政府的支持开始主要集中于制造业,到了70年代逐渐转向服务业。在此期间,奥勒村的索道、缆车与宾馆建设得到了政府支持,也吸引了大量外来私营企业主进行投资。然而,由于缺乏统一管理,恶性竞争、服务水平低、运营不规范等问题长期存在。20世纪90年代初期的经济萧条严重影响了瑞典的旅游经济,致使奥勒地区大量投资濒临破产。作为一种积极响应,当地百姓及私营企业主意识到只有相互合作,抱团发展才能度过危机,并形成了奥勒社区的"目的地支撑战略"(destination-embracing strategy)。该战略包括以下几方面内容:

(1)当地百姓与企业主联合制定奥勒村发展规划与愿景;

(2)企业主间摒弃恶性竞争,成立滑雪产业协会并制定行业规范,协调与管理各行业企业的服务与运营方式;

(3)协会为濒临破产的企业提供资金支持,免费开展业务培训,企业间共享行业信息;

(4)共同筹措募集资金用于旅游区的基础设施建设、环境整治及对外宣传;

(5)与省、市、地方政府对接,推动其为奥勒村的旅游业发展在公共服务、资金等方面提供支持。

"目的地支撑战略"的实施逐渐在奥勒当地百姓、私营企业主间培养形成了以实现奥勒村振兴为目的的共同愿景、责任感及增进交流与合作的意识,即社会资本(Nordin and Westlund, 2009)。20世纪70年代开始,瑞典北部奥勒村充分利用雪场资源，形成了以滑雪为核心的旅游产业。在初期的经营中，由于管理不善，出现了恶性竞争、运营不规范、服务水平低等问题。随着对外宣传的深入、服务品质的提升以及游客的认可，20世纪末期及21世纪初期奥勒村逐渐由瑞典国内的滑雪胜地向国际著名滑雪胜地转型升级。在此过程中，大量拥有雄厚实力的国际财团进驻奥勒，带来了新的发展理念、运营方式及国际资源。原有的"目的地支撑战略"进而演化为涵盖当地百姓、私营企业主、各级政府部门、国际大公司在内的多主体共同参与的地方发展战略，强化了主体间的共同责任、担当、信任及合作发展的理念与行动，为奥勒村的发展提供了强有力支撑，使其在瑞典北部地区脱颖而出。如图7-4所示，与瑞典北部山区的其他乡村相比，由于经济振兴，奥勒村的人口得以保持长期、稳定增长，实现了高质量发展。

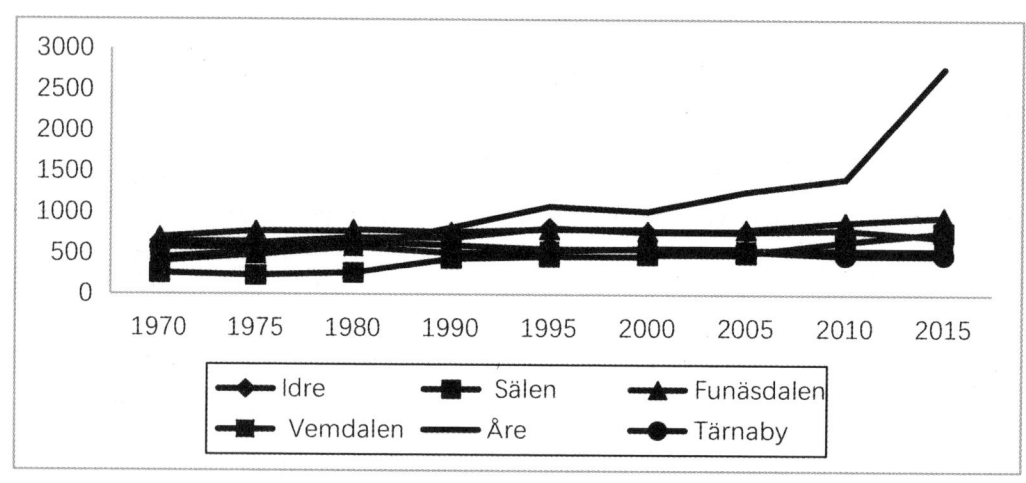

图7-4　瑞典北部山区部分乡村地区人口发展变化，1970-2015

乡村社会资本的培育有助于促进民众、企业、政府间的团结合作，提升本地企业的经济表现，也在一定程度上弥补了市场功能缺失及正式制度不足，并且发挥了市场与制度所无法起到的作用，如自我监督机制、风险共担、资源共享、互助协作等。对于个体而言，民众的人际网络、信誉度、价值观有利于激发民众的社会行动能力，借助社会资本获取利益，实现个人发展目标，如脱贫致富。对于地区而言，良好的社会资本有利于提高地区发展质量，提升物质资本及人力资本的产出效益（李玉恒等，2016）。

第八章　京津冀地区人口发展与城镇化进程

京津冀是我国经济活跃，但城乡发展矛盾突出、问题集中、协调难度大的典型区域，既有北京、天津、石家庄等大都市，又有冀中大面积的传统农区，冀北以及冀西的燕山、太行山地区又多属生态保育重点区、贫困集中区，乡村发展具有明显的地域性、差异性特征。大都市与连片贫困地区共存，城镇化、工业化快速发展与乡村人口流失、乡村衰退交织，城乡发展不平衡、乡村发展不充分问题愈发凸显，亟需全面开展乡村建设，振兴乡村。本章揭示了京津冀地区人口发展、土地利用及产业发展状况，解析了县域城镇化时空过程与特征。

第一节　区域发展概况

京津冀地区位于 113°04′E~119°53′E，36°01′N~42°37′N 之间，总面积 21.6 万平方公里，占中国陆地总面积的 2.2%，人口总量为 1.08 亿人，占全国总人口的 7.2%。2022 年京津冀地区 GDP 达 9.99 万亿元，全国占比 8.3%，比上年增长了 3.7%；其中，北京市为 41610.90 亿元，比上年增长 0.7%；天津为 16311.34 亿元，比上年增长 1.0%；河北为 41993.72 亿元，比上年增长 4.0%。京津冀地区地处华北平原，北面与辽宁省、内蒙古自治区相邻，西面与山西省交界，南部与山东省、河南省接壤，东面紧傍渤海湾，地势由西北向东南由高及低倾斜，地貌类型多样，山区与平原分别约占京津冀地区总面积的 48.2% 和 43.8%（图 8-1）。

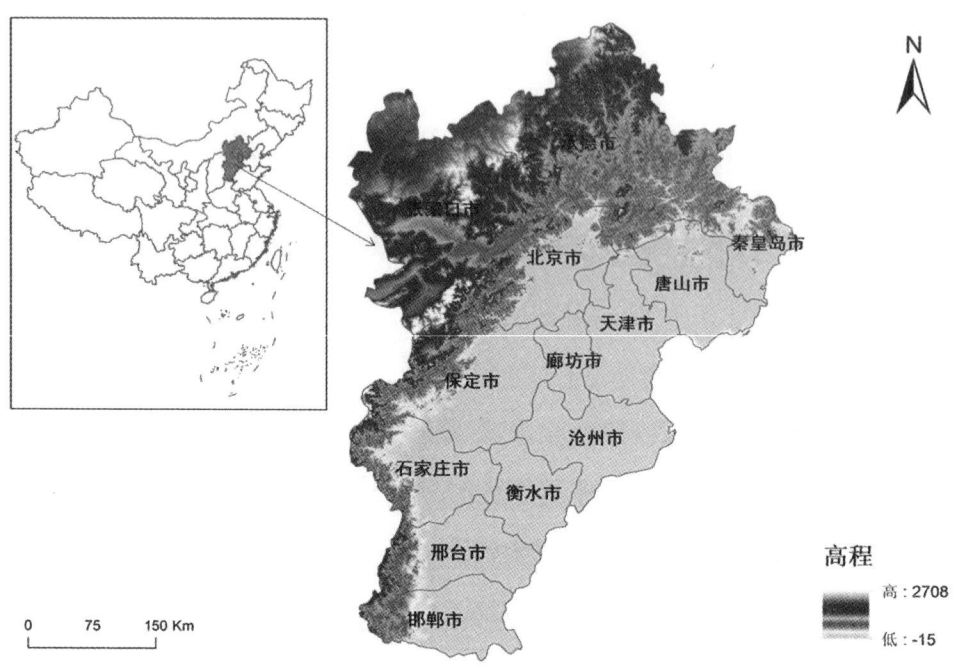

图 8-1 京津冀区位示意图

京津冀地区包括北京和天津 2 个直辖市以及河北省 11 个地级市。北京市作为首都，拥有 2184.3 万常住人口，在全国地级市中排名第三，仅次于重庆和上海。天津作为四大直辖市之一，人口总量达 1363 万。河北省 11 个地级市总人口约 7420 万（图 8-2）。

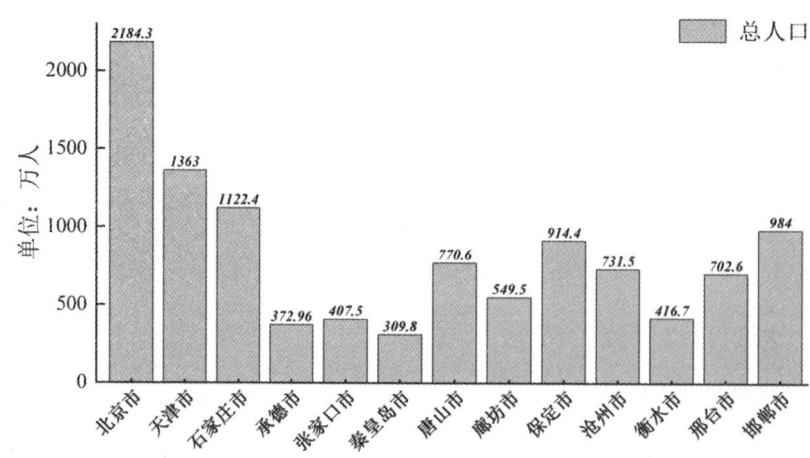

图 8-2 京津冀地区各地级市人口数量，2022 年

数据来源：京津冀各地级市人民政府官网、《2022 年国民经济与社会发展统计公报》

在经济发展方面，京津冀地区内部发展不平衡，地级市的 GDP 存在明显差异（图 8-3）。北京市的 GDP 远高于其他市，达到了 41610.9 亿元，与河北全省的 GDP（41993.7 亿元）相差无几。天津市的 GDP 位居区域第二，达到 16311.3 亿元，然而河北省各地级市 GDP 均未超过 9000 亿元，远低于北京和天津市。唐山市的 GDP 为全省最高，达到 8900.7 亿元，承德、张家口市、秦皇岛市和邢台市的 GDP 均未超过 2000 亿元。在人均 GDP 方面，京津冀地区依然存在较为显著的空间差异（图 8-4）。人均 GDP 超过 10 万元的城市有三个，分别是北京市（19 万元）、天津市（11.9 万元）和唐山市（11.6 万元）。河北省人均 GDP 为 5.73 万元，远低于北京市和天津市，其中人均 GDP 最高的城市是唐山市，为 11.56 万元，最低的城市为邢台市，仅有 3.61 万元。

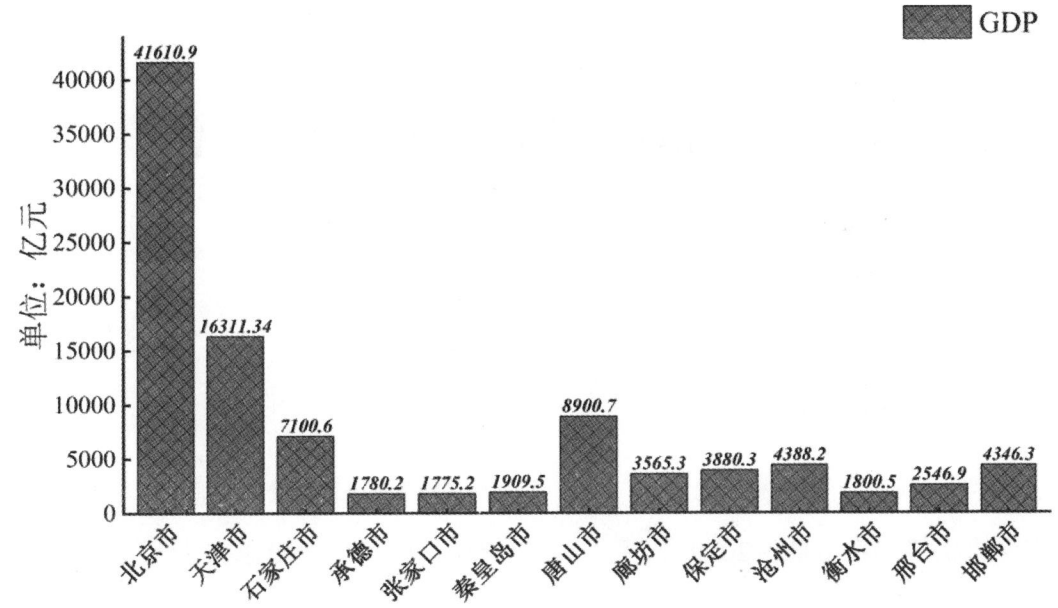

图 8-3　京津冀地区各地级市 GDP，2022 年

数据来源：京津冀各地级市人民政府官网、《2022 年国民经济与社会发展统计公报》

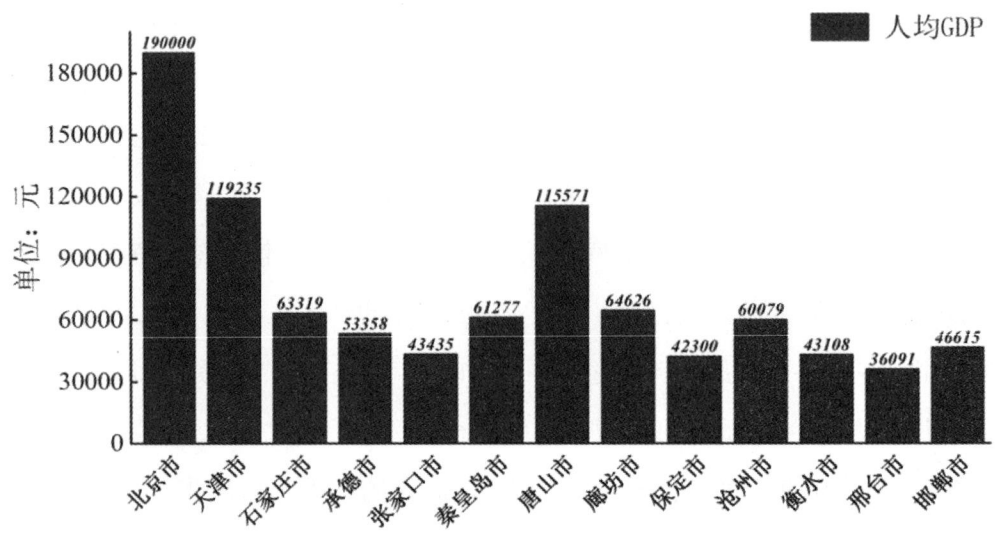

图 8-4　京津冀地区各地级市人均 GDP，2022 年

数据来源：京津冀各地级市人民政府官网、《2022 年国民经济与社会发展统计公报》

第二节　京津冀人口与土地利用变化

2.1　人口变化与老龄化

（一）县域人口时空演变

如图 8-5 所示，2000-2020 年京津冀地区县域人口数量变化整体呈现先增加后减少的趋势。在 2000-2010 年间，京津冀地区人口变化量总体上呈现出增加的趋势，绝大部分地区分口增加量在 0.01-10.00 万人之间；北京市和天津市的海淀区、朝阳区、昌平区、滨海新区人口增加量在 70.01-140.00 万人之间；河北省北部和中南部部分地区人口出现负增长，如隆化县、赤城县、深州市等地区。在 2010-2020 年间，京津冀地区人口变化量呈现出减少的趋势，绝大部分地区人口减少量在 0.1-20 万人之间，秦皇岛市的抚宁区、唐山市的丰南区、天津市的滨海新区、邯郸市的磁县人口减少量在 20-50 万人之间；北京市中心区县的外围地区如

大兴区、平谷区，廊坊市各区县，以及河北省南部的肥乡区、任泽区等地区人口有不同程度的增长。

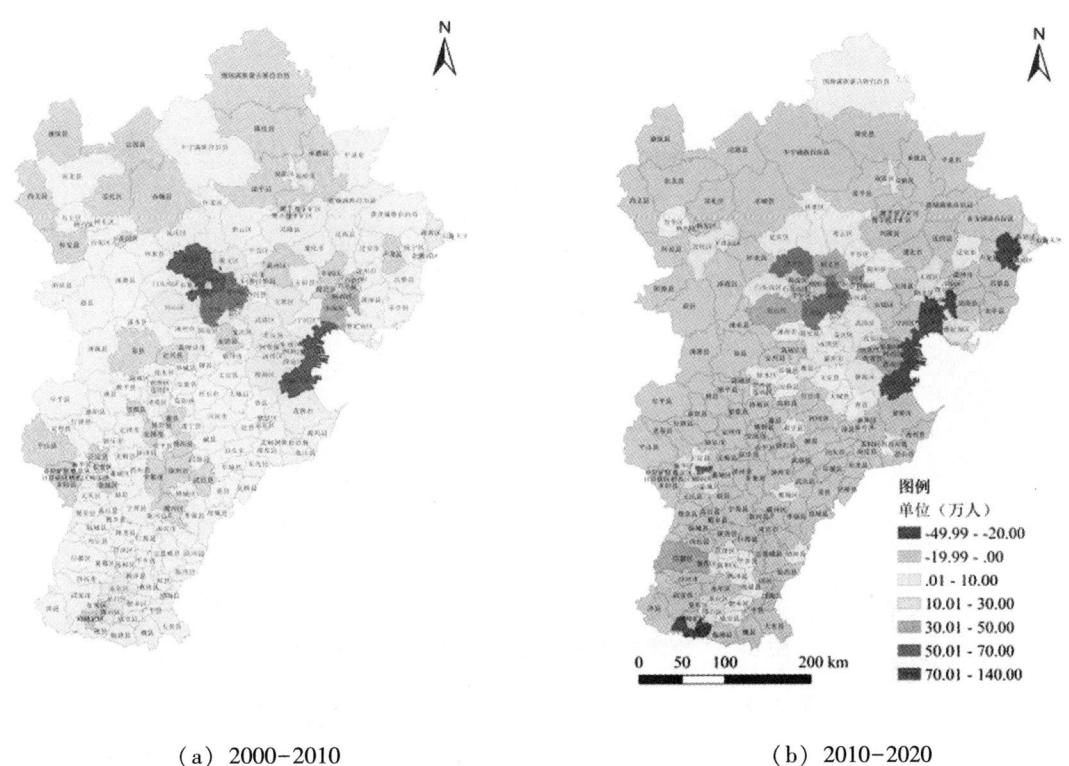

(a) 2000-2010　　　　　　　　　　(b) 2010-2020

图 8-5　京津冀地区县域人口数量变化，2000-2020

如图 8-6 所示，2000-2010 年和 2010-2020 年京津冀地区人口变化热点分布大体上是一致的。北京市的海淀区、朝阳区，天津市的武清区、静海区以及廊坊市的霸州市等地区是人口变化的热点区域；京津冀地区除北京市、天津市部分区县外的其他地区均为人口变化的冷点区域。

在乡村人口方面，如表 8-1 所示，2000-2020 年京津冀乡村人口数量经历了由增长到减少的变化过程，其中在 2000-2010 年间，京津冀乡村人口数量增加了 189 万，年均增长 0.33%；在 2010-2020 年间，京津冀乡村人口数量减少了 100 万，年均增长-0.17%。在 2000-2020 年间，总人口的快速增加与乡村人口的波动变化导致乡村人口占总人口的比重由 66.88% 下降至 56.69%，由此可见，在城镇化与工业化进程的快速推动下，乡村人口比重呈现不断下降的趋势。

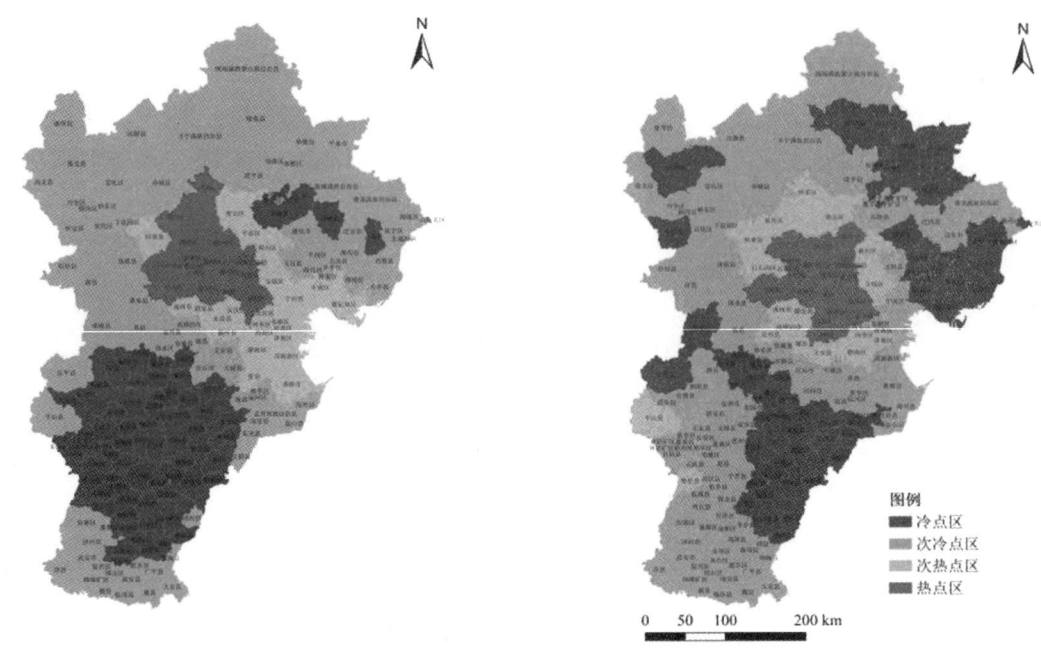

(a) 2000-2010　　　　　　　　　　　(b) 2010-2020

图 8-6　京津冀地区县域人口变化量热点分区图

表 8-1　2000-2020 年京津冀地区乡村人口数量变化

年份	总人口（万人）	乡村人口数量（万人）	乡村人口比重（%）
2000	8499	5685	66.88
2005	8367	5743	68.64
2010	8962	5874	65.55
2020	11300	5774	51.09

（二）县域人口老龄化

在城乡人口分布方面，京津冀地区各地级市的城城镇人口明显多于乡村人口，城镇化率较高，达到 70.0%。其中，北京市城镇化率最高，为 87.6%，天津市次之。河北全省的城镇化率为 61.8%，其中，石家庄市、承德市、张家口市、秦皇岛市、唐山市以及廊坊市的城镇率超过了全省平均水平，而其余 5 市城镇化率均未超过 60%（图 8-7）。

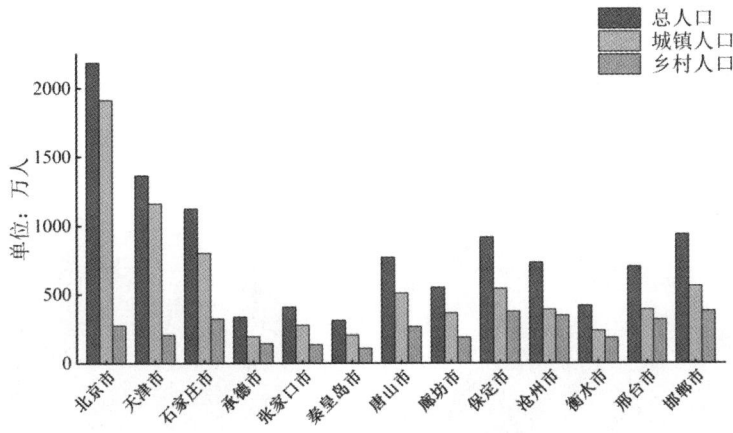

图 8-7 2022 年京津冀地区各地级市城乡人口数量

数据来源：京津冀各地级市人民政府官网、《2022 年国民经济与社会发展统计公报》

老龄化系数（P）是定量描述老龄化程度最常用的指标，指 65 岁及以上人口数量占区域常住人口总数的比值。1956 年，联合国在《人口老龄化及其社会经济后果》报告中指出，一个国家或地区 65 岁及以上老年人口占总人口的比例达到 7%，则应判断为老年型国家或地区。本文根据老龄化系数取值将社会划分为年轻型（P：≤4.0%），成年型Ⅰ期（4.0%<P≤5.5%），成年型Ⅱ期（5.5%<P≤7.0%），老年型Ⅰ期（7.0%<P≤10.0%），老年型Ⅱ期（10.0%<P≤14%）和老年型Ⅲ期（P>14%），共六种类型的人口年龄结构。

为了清晰展示人口整体年龄分布的时空差异性，本节以京津冀 204 个区县为研究单元，依据 2000、2010、2020 年三次人口普查数据，综合测算了京津冀县域老龄化系数。经测算，在 2000-2020 年间，京津冀地区的老龄化程度逐步加深。北京市的老龄化系数由 8.44% 增长到 14.11%；天津市的老龄化系数由 8.42% 增长到 15.44%；河北省的老龄化系数由 7.08% 增长到 14.64%。

如图 8-8 所示，在 2000-2020 年间，京津冀地区所有区县的老龄化系数都在持续增长，体现为全域的标记色由 2000 年的蓝色系逐渐过渡到了 2020 年间的紫色系，颜色越重，说明该区县人口的老龄化程度越高。2020 年，京津冀全域均已步入老年型社会，老龄化系数最低都达到了 8.9%（老年型Ⅰ期）。除河北省保定市的新市区（8.95%）、石家庄市的裕华区（9.78%）和北京市的大兴区（9.71%）

和昌平区（9.72%）仍处于老年型Ⅰ期外，其余区县均处在老年型社会的中后期状态，老龄化系数最高的是河北省张家口市的康保县，老龄化系数已达到25.77%，显著高于老年型Ⅲ期的划分标准，老龄人口已在社会中占据过高的比例。

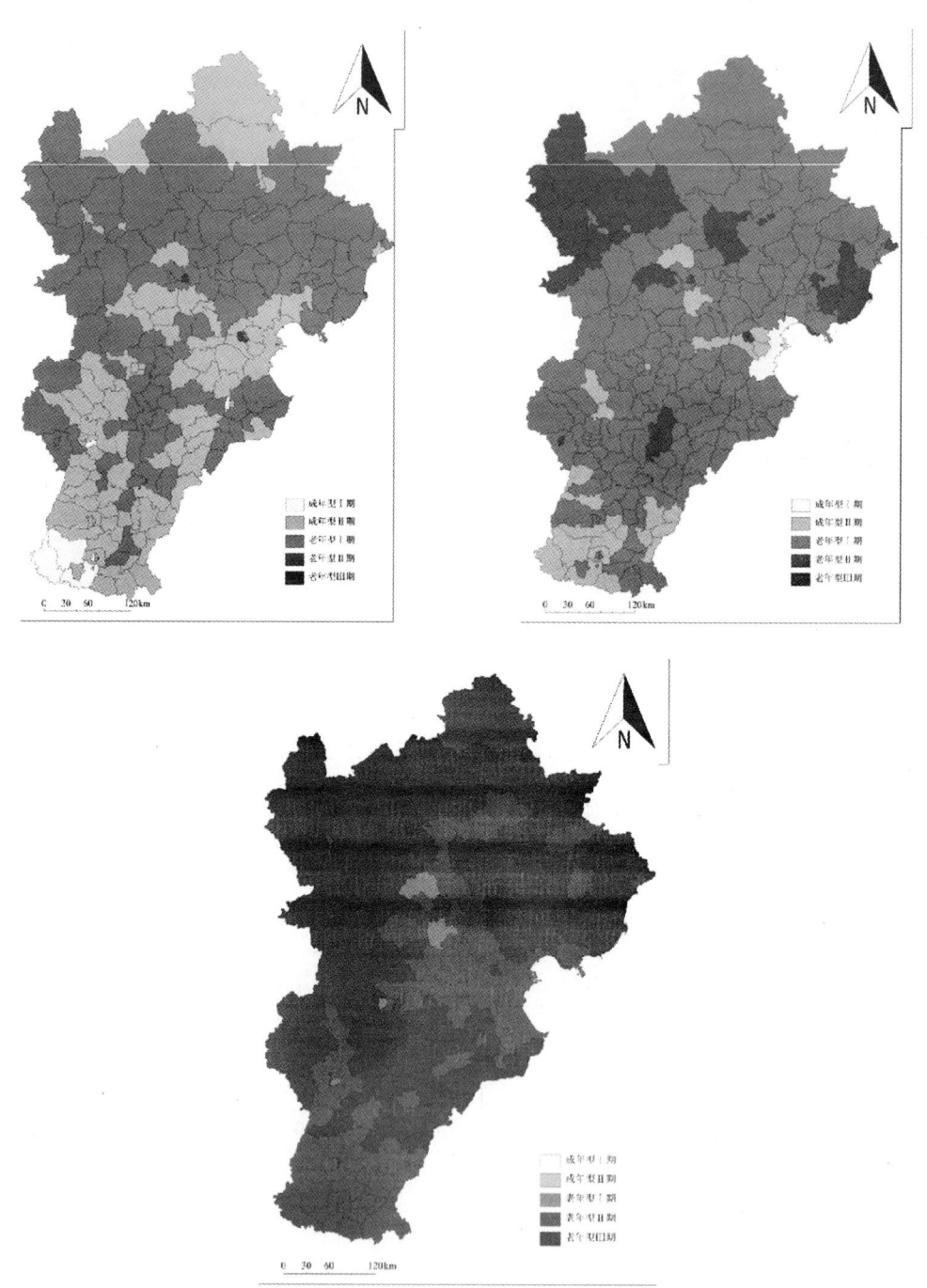

图8-8 2000-2020年京津冀地区老龄化系数时空格局演变

2.2 乡村人口就业与收入

如表 8-2 所示,在 2000-2020 年间,京津冀地区乡村总就业人口呈现先增后降的趋势,但乡村非农就业人口数量由 1048 万人上升至 1656 万人,年均增长 2.57%,其中 2000-2010 年间,京津冀地区乡村非农就业人口数量增加了 500 万,年均增长 3.98%,在 2010-2020 年间,京津冀地区乡村非农就业人口数量增加了 108 万,年均增长 0.85%,乡村非农就业人口减少速度较 2000-2010 年有所减慢。在 2000-2020 年间,乡村就业非农化水平由 38.30% 上升至 55.14%,伴随着工业化与城镇化进程的快速推进,京津冀地区乡村人口数量比重下降的同时,其就业结构与产业结构也由第一产业为主导向第二、三产业为主导转变,乡村生产要素非农化的趋势日益凸显。

表 8-2 2000-2020 年京津冀地区乡村就业人口变化

年份\指标	乡村就业总人口(万人)	乡村非农就业人口数量(万人)	乡村就业非农化水平(%)
2000	2736	1048	38.30
2005	2836	1263	44.53
2010	3018	1548	51.29
2020	3003	1656	55.14

如图 8-9 所示,2022 年京津冀地区农村居民人均可支配收入为 21604.9 元,其中,北京市最高,为 34754 元,天津市次之,为 29018 元;而河北全省农村居民人均可支配收入为 19436.5 元,其中,唐山市最高,为 24255 元,除此之外,廊坊市、保定市、邯郸市、石家庄市的农村居民人均可支配收入超过了全省平均水平,其余 6 市均未超过 19000 元,其中承德市全省最低,为 15966 元。

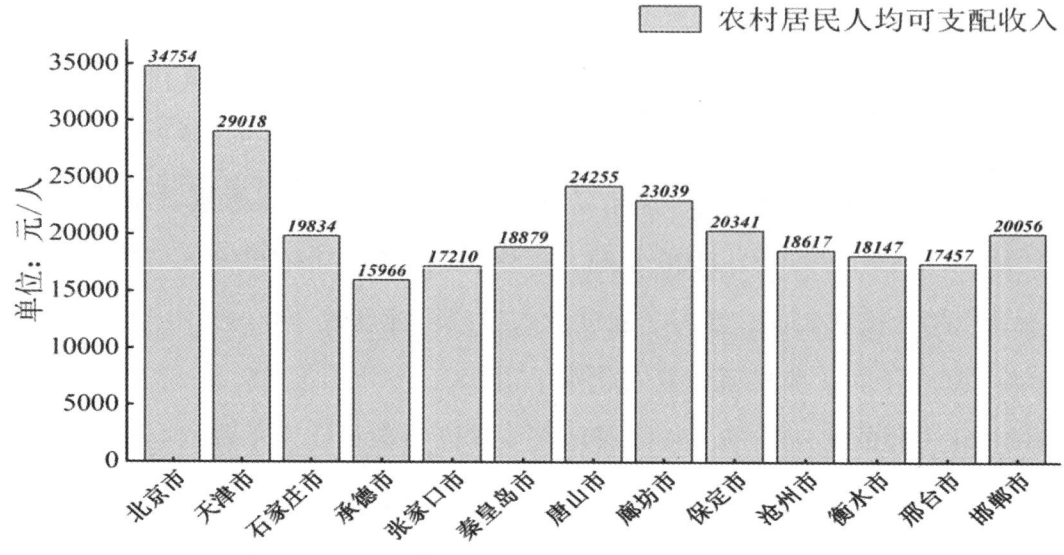

图 8-9 2022 年京津冀地区各地级市乡村人均可支配收入

数据来源：京津冀各地级市人民政府官网、《2022 年国民经济与社会发展统计公报》

2.3 乡村土地利用变化

（一）乡村建设用地演化特征

如表 8-3 所示，在 2000-2020 年间，京津冀地区乡村建设用地面积由 11345.48 平方公里增长至 15793.83 平方公里，年均增长 1.85%，其中，2000-2010 年乡村建设用地增长了 753.2 平方公里，年均增长 0.64%；2010-2020 年乡村建设用地增长了 3695.15 平方公里，年均增长 3.39%，乡村建设用地扩张速度远高于前十年。进一步对乡村建设用地结构进行剖析，发现 2000-2020 年乡村居民点用地面积由 9721.93 平方公里增长至 12889.29 平方公里，年均增长 1.58%，其中 2000-2010 年乡村居民用地面积增加了 110.09 平方公里，年均增长 0.11%，远低于同时期乡村建设用地的增长速度，导致其在乡村建设用地中的比重由 85.69% 下降至 81.27%；2010-2020 年乡村居民点用地面积 3057.27 平方公里，年均增长 3.44%，略高于同时期乡村建设用地的增长速度，导致其在乡村建设用地中的比重又小幅上升至81.61%。2000—2020年乡村工业与交通用地由1623.55平方公里增长至1280.95平方公里，年均增长3.28%，其中2000-2010年乡村工业与交通建设用地增加了643.11平方公里，年均增长3.39%，高于同时期乡村居民点用地的增长速度，导致其在乡村建设用地中的比重由14.31%上升至18.73%；2010-2020年乡村工业与交通用地增长了637.88平方公里，年均增长3.15%，略低于同时期乡村居民点用地的增长速度，导致其在乡村建设用地中的比重小幅下降至18.39%。

总体来看，京津冀地区乡村建设用地，包括乡村居民点用地、乡村工业与交通用地等均呈现不断扩张的态势，且乡村工业与交通用地的扩张速度要高于乡村居民点用地的扩张速度，从而使乡村工业与交通用地面积比重有所提升，但在乡村建设用地面积结构中，乡村居民点用地面积占比超过80%，依旧占据主导地位。京津冀部分地区交通路网密度较低，基础设施水平不高，乡村产业发展不平衡、不充分问题突出，导致乡村工业与交通用地面积较小，在乡村建设用地中的占比不足20%。

表8-3 2000-2020年京津冀地区乡村建设用地变化

年份	乡村建设用地（平方公里）	乡村居民点用地		乡村工业与交通用地	
		面积（平方公里）	比重（%）	面积（平方公里）	占比（%）
2000	11345.48	9721.93	85.69	1623.55	14.31
2005	11792.42	9786.73	82.99	2005.69	17.01
2010	12098.68	9832.02	81.27	2266.66	18.73
2020	15793.83	12889.29	81.61	2904.54	18.39

(二) 乡村耕地变化特征

在耕地方面，2000—2020 年京津冀地区乡村耕地面积由 91456.2 平方公里下降至 86010.39 平方公里，年均增长 -0.34%，其中，2000—2010 年乡村耕地面积减少了 339.58 平方公里，年均增长 -0.04%；2010—2020 年乡村耕地面积减少了 5106.23 平方公里，年均增长 -0.72%，耕地减少速度远高于前十年。由此可见，在快速城镇化与工业化进程中，乡村建设用地不断扩张，而乡村耕地面积呈现不断减少的趋势。

第三节 京津冀县域城镇化过程与特征

本节依据全国第五次人口普查数据、第六次人口普查数据、第七次人口普查数据以及《北京市统计年鉴》、《天津市统计年鉴》和《河北省统计年鉴》，系统揭示了京津冀地区县域城镇化时空演化过程、格局及特征。为揭示京津冀地区城镇化水平的时空演化规律，本节研究采用了热点分析法，利用 ArcGIS10.7 平台的 $Getis-OderG_i^*$ 功能对京津冀地区 2000—2010、2010—2020 年城镇化水平变化量进行分析，探测城镇化水平变化量的冷热点区域，根据 GiZscore 划分为冷点区、次冷点区、次热点区和热点区 4 个分区。

如图 8-10 所示，从整体上看，近 20 年来京津冀地区城镇化水平呈现出逐渐增加的趋势。2000 年，北京市、天津市等主要城市城区城镇化水平较高。2010 年，京津冀地区城镇化以北京市、天津市为中心向四周扩张，同时出现以唐山市、张家口市为中心的次中心。2020 年，京津冀绝大部分地区城镇化水平增长到 41% 至 60% 之间，北京市与天津市仍然为京津冀地区城镇化水平最高的地区。

第八章 京津冀地区人口发展与城镇化进程

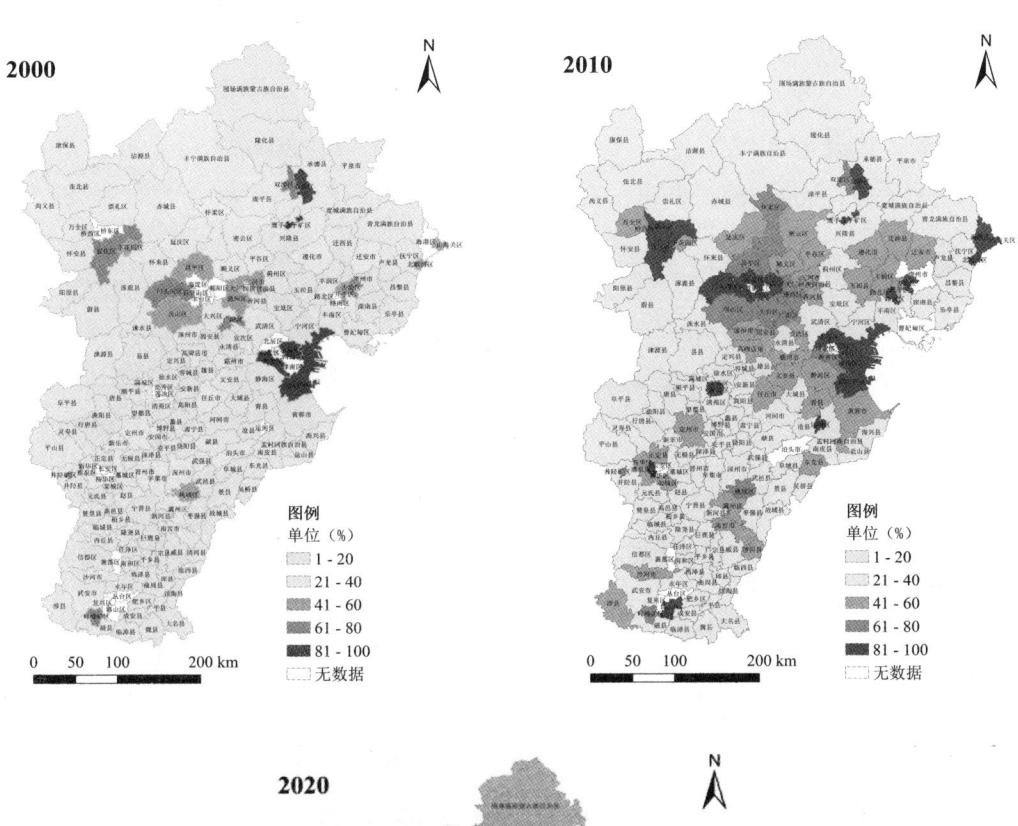

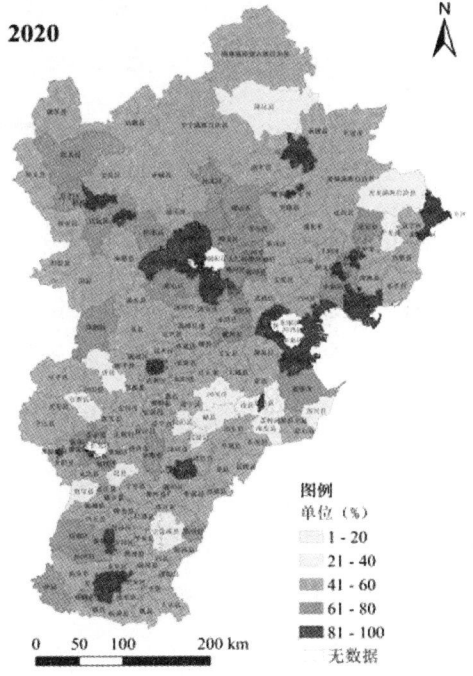

图 8-10 京津冀县域城镇化时空演化

如图 8-11 所示，在 2000-2010 年间，京津冀地区各市周围的区县城镇化水平增加量较大，在 21% 至 30% 之间，如北京市的顺义区、天津市的宝坻区，邢台市的任泽区等；其余地区城镇化水平增加量大都在 11% 至 20% 之间；极少数地区如承德市的双滦区和双桥区、天津市的西青区出现负增长。

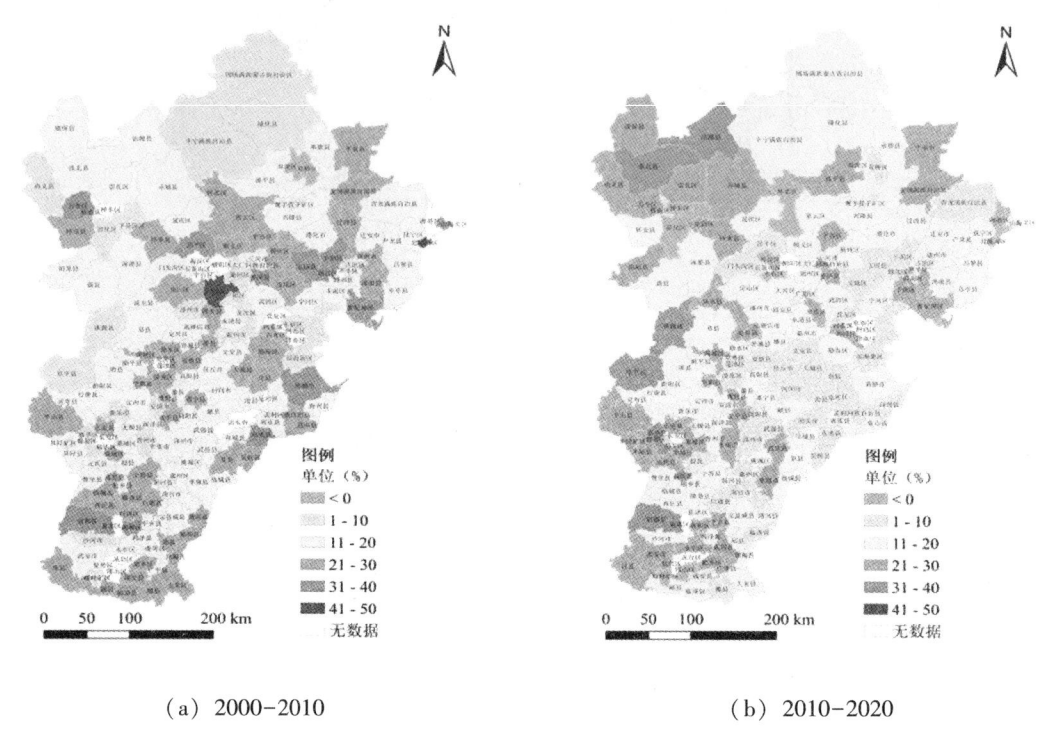

(a) 2000-2010　　　　　　　　　　　(b) 2010-2020

图 8-11　京津冀地区城镇化变化空间分布

在 2010-2020 年间，京津冀地区城镇化水平变化量呈现出由西向东逐渐减少的趋势，张家口市以北、石家庄市、邯郸市以北邢台市以南等地城镇化水平增长量较大，在 21% 至 30% 之间；北京市的怀柔区、张家口市的桥东区等地城镇化水平出现负增长。

如图 8-12 所示，2000-2010 年北京、沧州、邢台、邯郸等地是京津冀地区城镇化水平增长的热点区域；次热点集中于北京市外围的南部、东部、东北部，唐山市以及秦皇岛市的各区县；冷点区主要分布在石家庄市、衡水市、张家口市、天津市以及承德市的各区县。

2010-2020 年京津冀地区城镇化发展的热点区域主要集中在邢台市以北、石家庄市、保定市西南部以及张家口市西北部；次热点区域主要分布在承德市北部和东部，张家口市中南部，保定市中北部、中部和南部，石家庄市与衡水市交界处各区县，邢台市南部，邯郸市等地区；冷点区主要集中在河北省中部、东部与东南部，如北京、秦皇岛、沧州等地区的各区县。

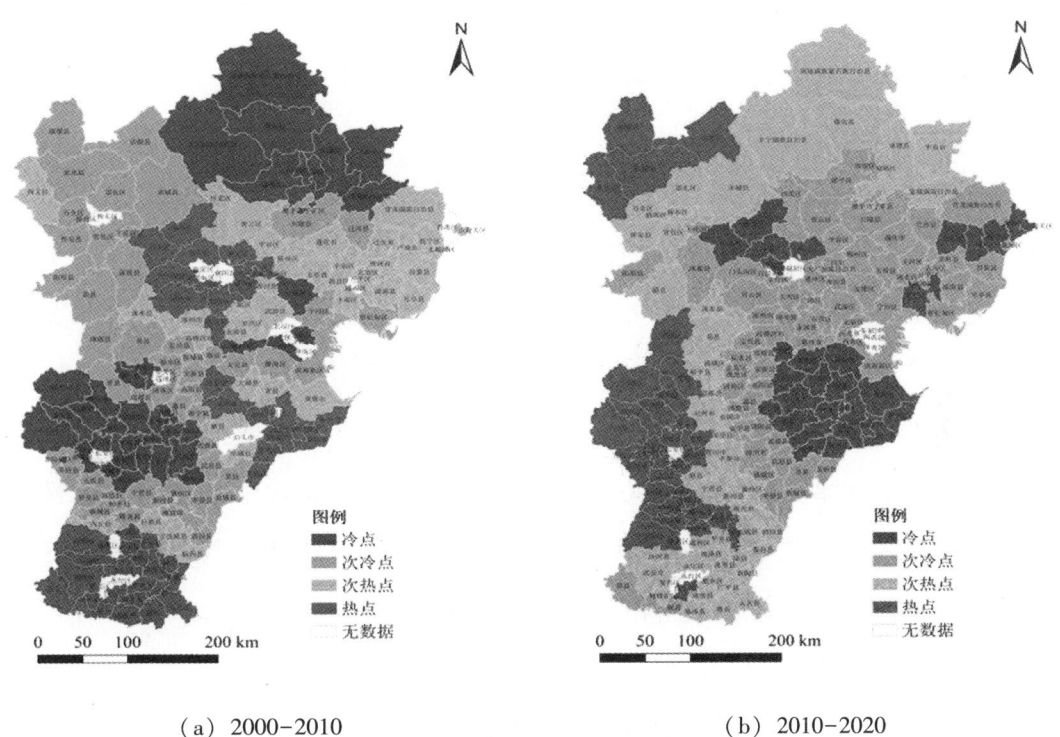

(a) 2000-2010　　　　　　　　　　(b) 2010-2020

图 8-12　京津冀地区城镇化变化热点图

第九章 京津冀地区乡村演化过程及其分异

人地关系地域系统是地理学的研究核心。乡村人地关系变化变化体现了乡村地域系统对工业化、城市化等外界发展环境变化的响应过程与方式。京津冀地区是以大中小城市为中心或节点、以乡村为支撑腹地和衔接纽带的城乡融合区，乡村在农产品供给、生态涵养、文化传承、就业增收等方面都发挥了十分重要的作用。本章解析了京津冀乡村人地关系演化、探测了乡村演化中心性与成长性，揭示了"以城带乡"模式主导下的乡村发展演化过程、现状特征与分异规律，为认知乡村发展，科学推进宜居宜业和美乡村建设提供支撑。

第一节 京津冀乡村人地关系时空耦合

1.1 研究方法与数据来源

热点分析是空间聚类方法中的一种，可以判断高值或低值要素空间聚集的分布规律。为揭示京津冀地区人地关系的时空演化规律，本章节利用 ArcGIS10.2 平台的 $Getis-OderG_i^*$ 功能对京津冀地区 2000-2010 年、2010-2020 年乡村耕地、建设用地与人口变化量进行分析，探测各项变化量的冷热点区域，本文根据 $GiZscore$ 划分为冷点区、次冷点区、次热点区和热点区 4 个分区。冷热点分析具体模型如公式（1）、公式（2）所示。

$$G_i^* = \frac{\sum_{j=1}^{n} w_{ij} x_j - \bar{X} \sum_{j=1}^{n} w_{ij}}{S\sqrt{\frac{\left[n\sum_{j=1}^{n} w_{ij}^2 - \left[\sum_{j=1}^{n} w_{ij}\right]^2\right]}{n-1}}} \tag{1}$$

$$\bar{X} = \frac{\sum_{j=1}^{n} w_{ij}^2}{n}, S = \sqrt{\frac{\sum_{j=1}^{n} x_j^2}{n} - (\bar{X})^2} \tag{2}$$

式（1）（2）中的 x_j 是每个统计网格的属性值；w_{ij} 是 i 和 j 的空间权重，在探测中采取空间搜索半径法，以 100m 为相关距离构建出空间权重矩阵。

本节通过构建乡村人地关系耦合弹性系数模型，揭示了 2000-2020 年京津冀地区乡村建设用地、耕地与乡村常住人口的时空耦合特征。两个变量之间的联系越紧密，相应的弹性值就越大；相反地，两个变量关系越不密切，相应的弹性值也就越小。乡村建设用地扩张的强烈程度代表了乡村土地非农化状况，耕地面积的增减则体现了乡村农业用地的发展态势，通过将两者分别与乡村常住人口耦合，探究京津冀地区乡村人地关系演化过程及其特征。公式如下：

$$E = RL/RP \tag{3}$$

其中 E 为乡村人地关系耦合的弹性系数；RL 为乡村建设用地或耕地面积的年均变化率；RP 为乡村人口数量年均变化率。

研究依据我国现行城乡划分标准，对于京津冀地区城市与乡村地域空间进行划分，提取市辖区、不设区的市、县、自治县、旗、自治旗政府驻地的镇为城镇区域，城镇以外地区划分为乡村地区。依据各区县的乡村地区的行政区划单元提取土地利用数据。

研究数据包括乡村人口统计数据和乡村建设用地、耕地数据，研究时段为 2000—2020 年。乡村人口数据来源于《北京区域统计年鉴 2001-2020》、《天津统计年鉴 2001-2020》、《河北农村统计年鉴 2001-2020》。2000-2020 年京津冀地区乡村建设用地、耕地数据提取于中国科学院资源环境数据云平台的土地利用数据，原始为遥感监测截面数据，该数据是以各期 Landsat TM/ETM、Landsat8 遥感影像为主要数据源，通过人工目视解译生成，土地利用类型包括耕地、林地、草地、水域、居民地和未利用土地 6 个一级类型以及 25 个二级类型。

1.2 研究结果

如表 9-1 所示，在 2000-2020 年间，京津冀地区乡村常住人口经历了由增长到减少的变化过程。2000-2010 年乡村常住人口增长了 508.91 万人，年均增长速率为 0.85%，2010-2020 年乡村常住人口减少了 1025.98 万人，年均变化速率为-0.51%。然而，乡村居民点用地始终处于快速扩张的过程，增长了 3947.19 平方公里，年均增长速率为 1.55%。在 2000-2010 年间，京津冀乡村居民点用地增长了 214.41 平方公里，年均增长速率为 0.19%，而 2010-2020 年乡村居民点用地快速增长了 3732.78 平方公里，年均增长速率为 2.93%。

在 2000-2020 年间，京津冀地区乡村工业与交通用地增长了 1371.66 平方公里，年均增长速率为 2.03%。其中 2000-2010 年工业与交通用地增长了 1210.87 平方公里，年均增长速率为 3.69%，而 2010-2020 年增加了 160.79 平方公里，年均增长速率为 0.40%。

在研究期内，京津冀乡村耕地面积处于持续减少的状态，减少了 7186.03 平方公里，年均变化速率为-0.37%，其中 2000-2010 年耕地减少了 945.28 平方公里，年均变化速率为-0.1%，2010-2020 年耕地大幅减少了 6240.75 平方公里，年均变化速率为-0.65%。

表 9-1 2000-2020 年京津冀地区乡村人口及土地利用变化

时间	类型	乡村人口（万人）	建设用地（平方公里）			乡村耕地（平方公里）
			总变化量	工业与交通用地	居民点用地	
2000-2020	变化规模	517.07	5318.91	1371.66	3947.19	-7186.03
	变化速率	1.38%	1.65%	2.03%	1.55%	-0.37%
2000-2010	变化规模	508.91	1425.28	1210.87	214.41	-945.28
	变化速率	0.85%	0.99%	3.69%	0.19%	-0.10%
2010-2020	变化规模	-1025.98	3893.63	160.79	3732.78	-6240.75
	变化速率	-2.56%	2.31%	0.40%	2.93%	-0.65%

（1）乡村耕地-建设用地-人口变化量分析

由图 9-1 所示，在 2000-2010 年间，乡村耕地减少的热点区域分布于北京-廊坊-天津等京津冀中心地带，次热点区域集中于唐山、秦皇岛等京津冀东部地区，冷点区域集中在京津冀西北部与中南部地区。在 2010-2020 年间，北京-廊坊-天津地区依旧是乡村耕地减少的热点区域，京津冀西部地区耕地减少量较大，由次冷点区域转变为次热点区域，东部地区耕地减少量较小，由次热点区域转变为次冷点区域，沧州等东南部沿海地区成为耕地减少的冷点区域。

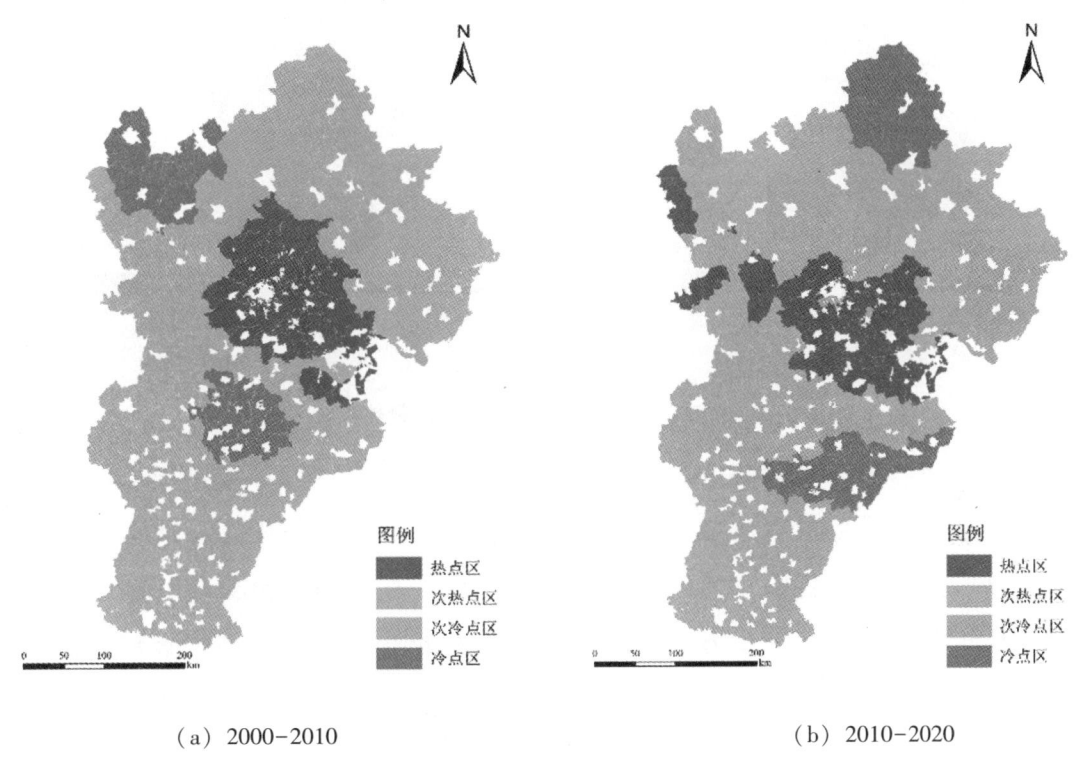

(a) 2000-2010　　　　　　　　(b) 2010-2020

图 9-1　京津冀地区乡村耕地减少量热点分区图

由图 9-2 所示，在 2000-2010 年间，北京-廊坊-天津等京津冀中心地区的乡村建设用地增加量加大，是建设用地增长的热点区域；次热点区域集中于京津外围的南部与东部，冷点区域集中于河北中南部地区。在 2010-2020 年间，京津地区的乡村建设用地增加量较小，转变为建设用地增长的冷点区域，京津冀北部山区与西部乡村建设用地扩张较快，成为建设用地增长热点与次热点区域，河北东南沿海地区为建设用地增长的冷点区域。

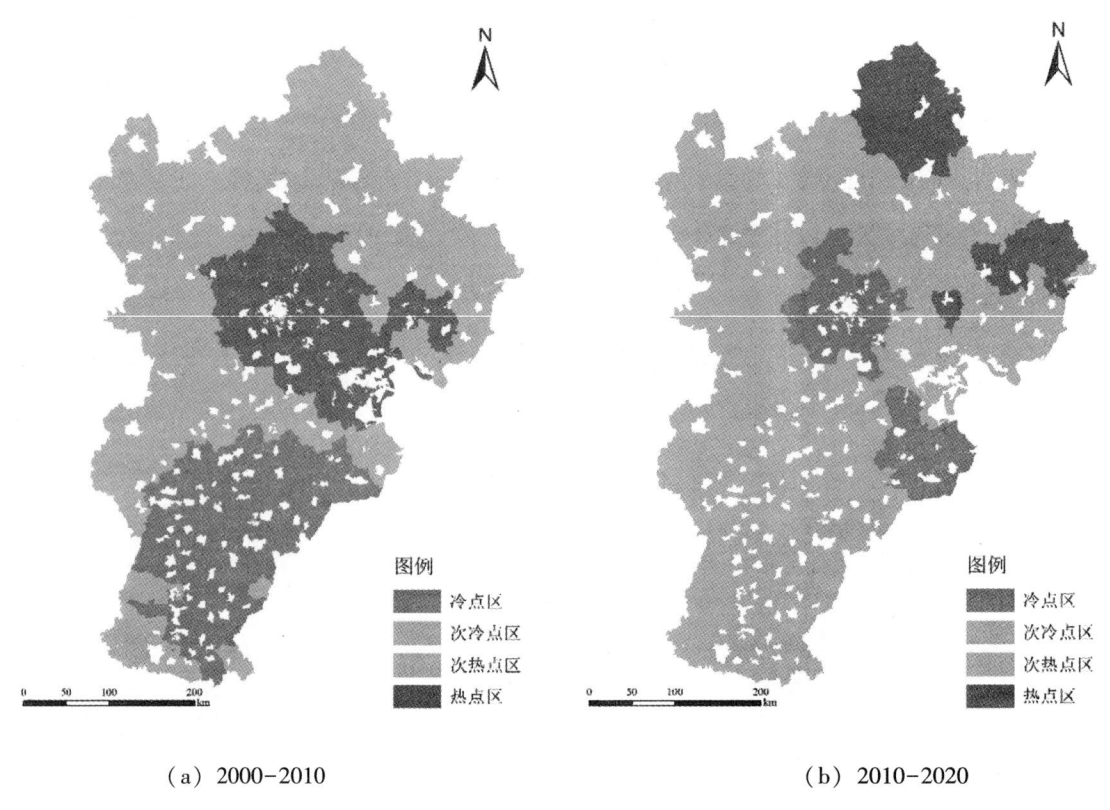

(a) 2000-2010　　　　　　　　　　　　（b) 2010-2020

图9-2　京津冀地区乡村建设用地增加量热点分区图

由图9-3可知，在2000-2010年间，北京、廊坊以及天津北部地区的乡村人口增长量较大，是乡村人口增长的热点区域；次热点区域集中于京津东部与河北南部地区，冷点区域集中于河北西部的太行山区。在2010-2020年间，乡村人口增长的冷点区域集中于北京及周边地区，天，河北北部与西部地区乡村人口增长较多，成为乡村人口增长的次热点区域，而河北的南部平原地区成为乡村人口增长的冷点区域。

通过京津冀地区乡村耕地、建设用地以及人口数量变化的冷热点分析，发现京津冀地区不同区域乡村耕地减少量、建设用地增加量与常住人口增加量的冷热点区域存在较强的耦合性，表明京津冀地区内部乡村人地关系的区域差异特征明显。为了进一步明确不同区域的乡村人地关系时空演变规律，需对京津冀地区乡村建设用地与人口、乡村耕地与人口的耦合关系分别进行探究。

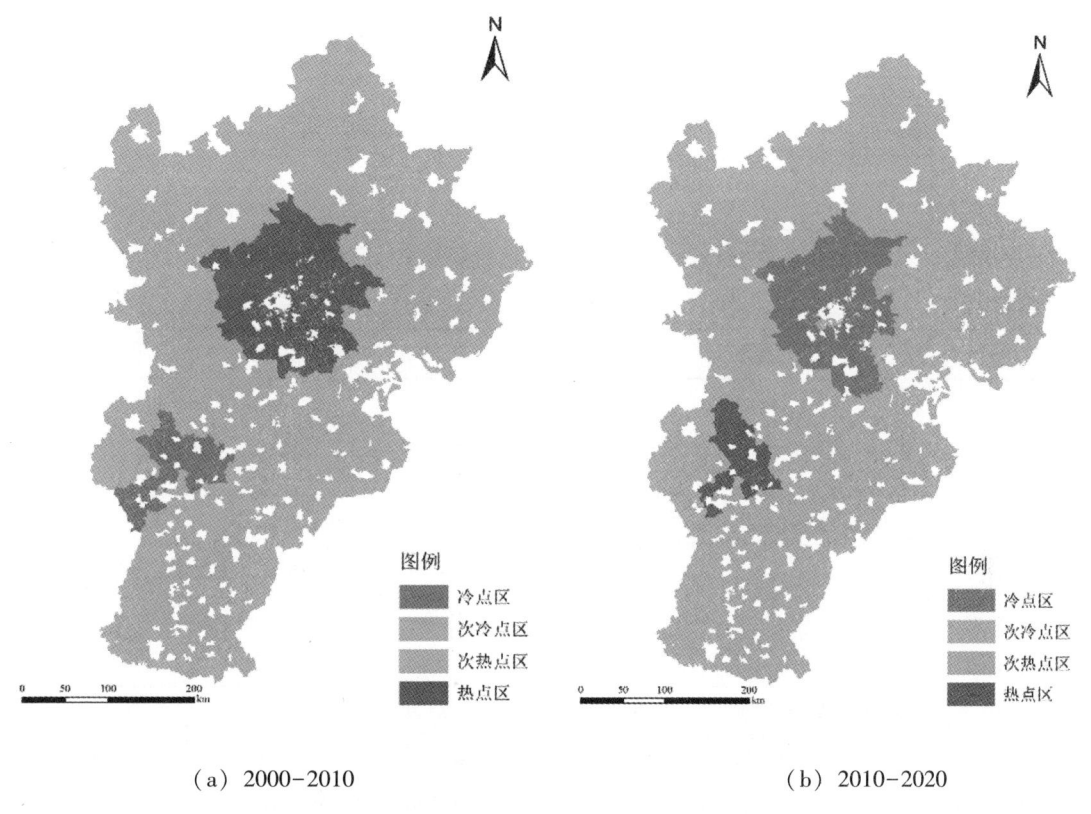

(a) 2000-2010　　　　　　　　　　　　　(b) 2010-2020

图 9-3　京津冀地区乡村常住人口增加量热点分区图

(2) 乡村"建设用地-人口"耦合关系变化

2000-2020 年京津冀地区乡村"建设用地-人口"的耦合关系由"人地同增型"转向了"人减地增型"(图 9-4)。在 2000-2010 年间，伴随着京津冀地区乡村常住人口的增长，以工业与交通用地为主导的乡村建设用地快速扩张。如表 9-2 所示，"人地同增"型的区县数量为 122 个，占京津冀区县总数的 75%。该类型区县的乡村人口增长相对较快，年均增长率为 1.38%，乡村工业与交通用地扩张迅速，扩张面积为 799 平方公里，年均增长率为 3.97%。与此同时，乡村耕地面积处于减少之中，年均变化率为 -0.17%。在空间分布上，如图 9-4a 所示，"人地同增"型区县均匀地分布在京津冀地区，夹杂个别"人减地增型"区县。

表 9-2　2000-2010 年京津冀乡村"建设用地-人口"耦合关系类型

类型	个数	建设用地变化率			耕地变化率	人口变化率
		总计	工业与交通用地化率	居民用地变化率		
人地同减型	2	-0.03%	-0.02%	-0.03%	0.11%	-0.36%
人减地增型	36	1.33%	6.88%	0.19%	-0.28%	-2.49%
人增地减型	3	-0.06%	-0.03%	-0.10%	0.14%	0.82%
人地同增型	122	1.08%	3.97%	0.11%	-0.17%	1.38%

表 9-3　2010-2020 年京津冀地区乡村"建设用地-人口"耦合关系类型

类型	个数	建设用地变化率			耕地变化率	人口变化率
		总计	工业与交通用地化率	居民用地变化率		
人地同减型	12	-4.05%	-14.90%	2.99%	-0.52%	-6.59%
人减地增型	61	4.25%	8.15%	3.31%	-0.64%	-2.44%
人增地减型	12	-4.26%	-18.27%	-0.37%	-0.60%	0.76%
人地同增型	79	3.96%	8.20%	3.19%	-0.62%	1.02%

如表 9-3 所示，2010-2020 年京津冀地区乡村"建设用地-人口"的耦合关系类型主要为"人地同增"型与"人减地增"型，两种类型区县数量分别占京津冀区县总数的 48% 与 37%。"人地同增"型区县的乡村常住人口增长了 343 万人，年均增长率为 1.02%，居民点用地增长了 1905.87 平方公里，年均增长率为 3.19%。在空间分布上，"人地同增"型区县主要分布在河北中部及南部地区以及河北东北部地区（图 9-4b）。2010-2020 年"人减地增"型区县的乡村常住人口减少了 470 万人，年均变化率为-2.44%，而乡村工业与交通用地、居民点用地同步扩张，年均增速分别为 8.15% 与 3.31%。与 2000-2010 年相比，一部分"人地同增"型区县逐渐转为"人减地增"型，主要分布在河北北部的张家口、承德、北京北部与西部以及秦皇岛、唐山部分区县。

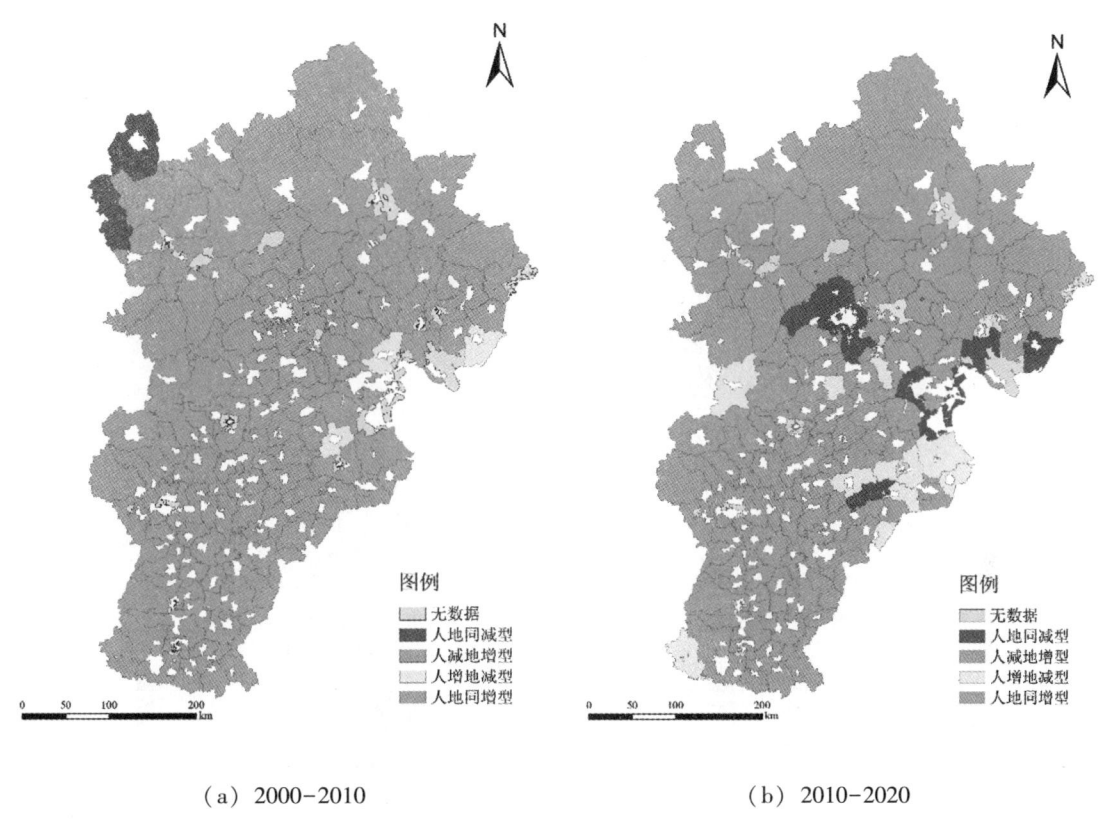

(a) 2000-2010　　　　　　　　　(b) 2010-2020

图 9-4　京津冀地区乡村建设用地-人口耦合类型

(3) 乡村"耕地-人口"耦合关系变化

如图 9-5 所示，2000-2020 年京津冀地区乡村"耕地-人口"的耦合关系由"人增地减"型逐渐转向"人地同减型"。如表 9-4 所示，在 2000-2010 年间，"人增地减"型的区县有 111 个，占京津冀区县总数的 70%，这部分地区乡村常住人口增长了 593 万人，年均增长率为 1.41%，而耕地面积减少了 781 平方公里，年均变化率为-0.12%。"人地同减"型区县数量为 34 个，占京津冀区县总数的 21%，该类区县乡村常住人口减少了 113 万人，年均变化率为-1.03%，耕地面积减少了 257 平方公里，年均变化率为-0.16%。在上述耕地面积减少的地区中，工业与交通用地增长速度较快，"人地同减"型与"人增地减"型的工业与交通用地增长率分别达到了 6.91% 与 3.46%，在这一阶段耕地主要向工业与交通用地转变，少部分耕地转换为了居民点用地。

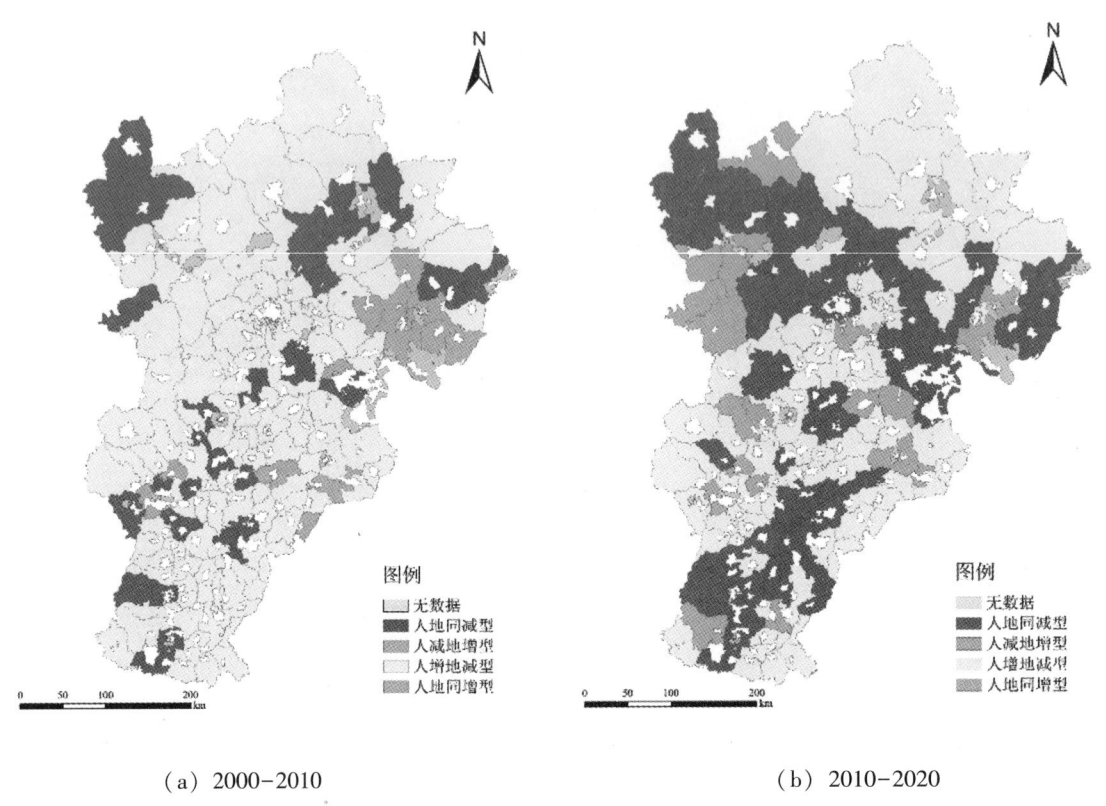

(a) 2000—2010　　　　　　　　　　(b) 2010—2020

图 9-5　京津冀地区乡村"耕地-人口"耦合关系

其次,在属于"人减地增"型及"人地同增"型的这些耕地增加的地区中,建设用地基本处于扩张状态,表明增加的耕地并非来源于建设用地,更多来自于林地等生态用地。在空间分布上,除张家口市康保县、张北县及沽源县等少数以农业生产为主导产业的区县耕地面积发生扩张外,大部分县区的乡村耕地在该时间段内面积缩小,在研究地域范围内,耕地面积发生缩减的区县个数占总区县的75%,其中主要人地关系耦合类型为"人增地减"型,其次在承德、秦皇岛及河北中南部出现了个别耦合类型为"人地同减"型的地区。

上述土地利用变化印证了该时段京津冀乡村地区以基础设施建设及非农产业发展为主,农业出现衰减的趋势,在工业化与城市化的交互作用下,乡村地域系统的功能与结构发生了变化,表征为耕地大面积缩减,土地非农化进程不断加快[21]。从耕地扩张类型区的空间布局上看,其主要分布于河北的坝上地区,由于该区主要为山地丘陵区，交通区位限制了非农产业的发展，形成了当下农业型的产业发展结构，因此耕地发生扩张。而在京津冀其他地区，受到城市工商业影响，乡村非农化速度较快，乡村人口流失，耕地面积缩减。

表9-4 2000-2010年京津冀地区乡村"耕地-人口"耦合关系变化

类型	个数	建设用地变化率			耕地变化率	人口变化率
		总计	工业与交通用地化率	居民用地变化率		
人地同减型	34	1.40%	6.91%	0.25%	−0.16%	−1.03%
人减地增型	4	0.14%	3.07%	0.10%	0.14%	−0.68%
人增地减型	111	0.92%	3.46%	0.22%	−0.12%	1.41%
人地同增型	10	0.74%	4.22%	0.01%	0.18%	0.47%

表9-5 2010-2020年京津冀地区乡村"耕地-人口"耦合关系变化

类型	个数	建设用地变化率			耕地变化率	人口变化率
		总计	工业与交通用地化率	居民用地变化率		
人地同减型	65	2.31%	−0.17%	3.22%	−0.78%	−3.20%
人减地增型	8	1.70%	−3.97%	3.47%	0.12%	−2.30%
人增地减型	80	2.32%	0.67%	2.69%	−0.81%	1.01%
人地同增型	11	3.85%	12.09%	2.32%	0.19%	0.89%

如图9-5所示，2010-2020年乡村人地关系耦合类型以"人地同减"型与"人增地减"型为主，较上个十年出现耕地面积缩减区县的范围变化不大，但在这些耕地减少的地区中，半数区县的乡村人口出现了不同程度的流失，且上述地区中居民点用地扩张速度较快，"人地同减"型与"人增地减"型的居民点用地变化率分别达到3.22%与2.69%，工业与交通用地增长缓慢甚至出现了负增长，增长率分别为−0.17%与0.67%。在耕地增长的地区中，乡村人口减少类型对应的工业交通用地与居民点用地变化率分别为−3.97%与3.47%，而乡村人口增长的类型对应的工业交通用地与居民点用地变化率分别为12.09%与2.32%。综上可知，在人口增长的地区，建设用地扩张的主要来源为工业与交通用地，而在人口减少的地

区中，工业与交通用地处于缩减状态，居民点用地增长较快。在空间布局上，耦合类型为"人地同减"型的县区主要分布于张家口、北京、秦皇岛及邢台等地，上述地区乡村人口流失的同时，不断有耕地转换为建设用地，并且在这些增长的建设用地中，以居民点用地增长为主，工业与交通用地为负增长。在张家口、承德及秦皇岛等地零星分布了一些耕地面积增长地区，这些地区大多仍以农业为主要产业类型，在土地利用变化上表现为耕地的持续增长。

1.3 乡村人地关系调控路径

（1）科学划定城镇开发边界，保护优质耕地资源。土地是乡村系统的重要构成要素，在维系农民基本生计、支撑乡村发展、保障国家粮食安全等方面发挥着极其重要的作用（刘彦随，乔陆印，2014）。改革开放以来，京津冀地区快速的城市化、工业化进程占用了大量优质耕地资源，导致部分乡村地区耕地碎片化、污损化，乡村发展空间受挤压。与此同时，冀北、冀西等欠发达地区乡村人口持续外流，导致乡村劳动力短缺、社会主体老弱化等问题凸显，亟需创新体制机制，优化城乡国土空间开发格局，协调乡村人地关系。一方面应综合考虑资源承载能力、人口分布、经济布局、城乡统筹、城镇发展阶段和发展潜力等因素，科学划定城镇开发边界，提升土地的节约集约利用效率。另一方面应积极开展农业用地综合整治，通过破碎地块整理、土壤改良与修复、水利设施建设等工程措施，提升耕地的数量与质量，并开展农业综合区划，科学制定农业长期发展规划，增加土地产出效益，提高农民收入。

（2）积极开展村庄土地整治，推进村镇化建设。伴随着乡村常住人口的持续减少，京津冀地区以农村居民点用地扩张为特征的农地非农化趋势愈发显著，由此产生的农村空心化、建设用地利用低效化问题不断显现。基于此，京津冀地区应科学构建村镇空间体系，在区县层面合理设定中心村数量及其人口规模，通过实施城乡建设用地增减挂钩，着力推进分散、小规模的自然村向中心村、乡镇政府所在地集聚，提升村镇化建设水平。与此同时要积极开展乡村建设用地整治，对散乱、空废的村庄建设用地进行复垦与再利用，加强农村水、电、路、网等基础设施建设，为乡村产业发展搭建平台，以此激发乡村内生动力，实现乡村生产、生活、生态"三生"空间格局的优化与重构（龙花楼，屠爽爽，2017；Li et al.，2018）。

（3）优先保障欠发达地区建设用地指标供给，壮大县域综合实力。京津冀地区北部及西部的区县多属乡村人地关系不协调的地域，进一步揭示了县域综合实力薄弱，带动乡村发展能力不足的现状，而建设用地指标分配制度一定程度上也助推了区域内部发展不均衡的态势（刘琼等，2013；孔伟等，2014）。针对此问题，应构建以统筹平衡区域发展为导向的建设用地指标分配制度，优先保障欠发达地区产业、基础设施及公共服务用地，支撑县域经济社会发展综合实力不断壮大，加强以城带乡的能力建设，推进城乡融合发展（Li et al.，2015）。

第二节 京津冀乡村演化中心性与成长性

2.1 研究方法与数据来源

当前，世界范围内对城市与乡村的界定与划分通常依据空间形态、产业布局、功能服务与环境景观等方面。我国对于城乡的划分主要依据《关于统计上划分城乡的暂行规定》和《国家统计局统计上划分城乡工作管理办法》，从基础设施、公共服务设施的可达范围进行考虑，较多地关注土地的空间形态与规模（侯云春等，2010）。本节研究依据我国现行城乡划分标准，对于京津冀地区城市与乡村地域空间进行划分，提取市辖区、不设区的市、县、自治县、旗、自治旗政府驻地的镇为城镇区域，城镇以外地区划分为乡村地区。

乡村建设用地是乡村人口与产业的主要承载空间，而分析乡村建设用地的变化是探究人口集聚、产业扩张等乡村地域系统要素演化过程的重要手段。本节采用格网单元分析方法，刻画了乡村建设用地时空演化过程。乡村中心性是反映乡村建设用地集聚程度的重要指标，中心性水平越高代表建设用地越集中，利用强度越高。本节从土地利用角度出发，将基本没有农业用地、完全变为城市建设用地的地区划分为城市用地，从而对城市与乡村进行区分，进而实现对城市与乡村建设用地的提取。

乡村地域系统演化会导致乡村建设用地的空间变化。乡村空间成长性是反映乡村建设用地成长强度的指标，乡村空间成长热点则是一段时期内生产要素最活跃、土地利用结构改变最强烈、空间格局变化最显著的地方。为了揭示乡村成长性特征，本节采用建设用地扩张强度反映不同时期内乡村建设用地扩张情况，其实质是用各网格的用地面积对其年平均扩张速度进行标准化处理，使其具有横向可比性。

土地利用覆盖变化因地区不同而有显著的差异，为了反映这种地区之间的差异，单一土地利用类型相对变化率被引用来反映土地利用数量变化的区域差异。某一特定土地利用类型相对变化率可表示为：

$$K = \frac{S_a - S_b}{S_a \times T} \times 100\% \tag{1}$$

式（1）中，S_a、S_b 分别为所研究区域在研究期间的初期与末期某种土地的利用类型的数量。T 是研究期时间的段长，在该研究中，T 的单位为年。K 即为研究时段内某一土地利用类型在研究区域内的年度变化率。

本节研究以格网与县级行政区划为单元，利用 ArcGIS 空间自相关分析进行冷热点识别，基于 Getis-Ord G_i^* 来检验局部是否存在空间统计上的聚集高值区与低值区域，探测研究区域建设用地扩张的中心性与成长性，其 G 指数的高低反映了乡村空间扩展强度空间集中性的强弱，进而揭示乡村演化成长的热点区域。区域空间发展的中心与成长性的空间"热点"计算模型为：

$$G_i^* = \frac{\sum_{j=1}^{n} w_{ij} x_j - \bar{X} \sum_{j=1}^{n} w_{ij}}{S \sqrt{\frac{\left[n \sum_{j=1}^{n} w_{ij}^2 - \left[\sum_{j=1}^{n} w_{ij}\right]^2\right]}{n-1}}} \tag{2}$$

$$\bar{X} = \frac{\sum_{j=1}^{n} w_{ij}^2}{n}, \quad S = \sqrt{\frac{\sum_{j=1}^{n} x_j^2}{n} - (\bar{X})^2} \tag{3}$$

式（2）（3）中 x_j 是每个统建单元的属性值；w_{ij} 是 i 和 j 的空间权重，在探测中采取空间搜索半径法构建空间权重矩阵。

区域发展中心性模型是以 2km×2km 格网为单位对各年份乡村建设用地数据进行"热点"分析；而乡村建设用地空间扩张表征着乡村区域成长性特征，因此，本研究以行政区划为单位，在测算建设用地平均变化率的基础上，利用空间"热点"模型探测区域成长性。

本节研究使用的 2000 年、2005 年、2010 年、2015 年、2020 年京津冀地区土地利用数据来自中国科学院资源环境数据云平台，为遥感监测截面数据。该数据是以各期 Landsat TM/ETM、Landsat8 遥感影像为主要数据源，通过人工目视解译生成，土地利用类型包括耕地、林地、草地、水域、居民地和未利用土地 6 个一级类型以及 25 个二级类型。研究中所需城乡建设用地基础数据由此提取获得。行政区划等其他地理要素数据为通过 Mapinfo 系统转换成的 shp 文件。

2.2 研究结果

（一）京津冀地区乡村演化过程

乡村建设用地的变化在一定程度上反映了乡村地域系统的空间演化过程。本研究基于空间地统计数据，运用 ArcGIS 揭示了京津冀地区乡村建设用地的时空演化过程，通过空间"热点"模型，得到了京津冀地区乡村建设用地扩张的冷热点分布结果，以 2km×2km 的网格为单元探测了在不同时期京津冀地区乡村演化中心性的特征（图 9-6）。

研究发现，京津冀地区乡村演化中心性具有显著的时空差异特征。伴随着城镇化过程，京津冀地区乡村建设用地的空间扩张呈现出以城镇地区为中心向外扩散的特征。乡村演化中心性强度值高的地区主要集中在中部以及南部的平原地区；而京津冀北部、西部的燕山、太行山地区的乡村演化中心性强度值普遍较低，乡村建设用地扩张速度相对较慢。

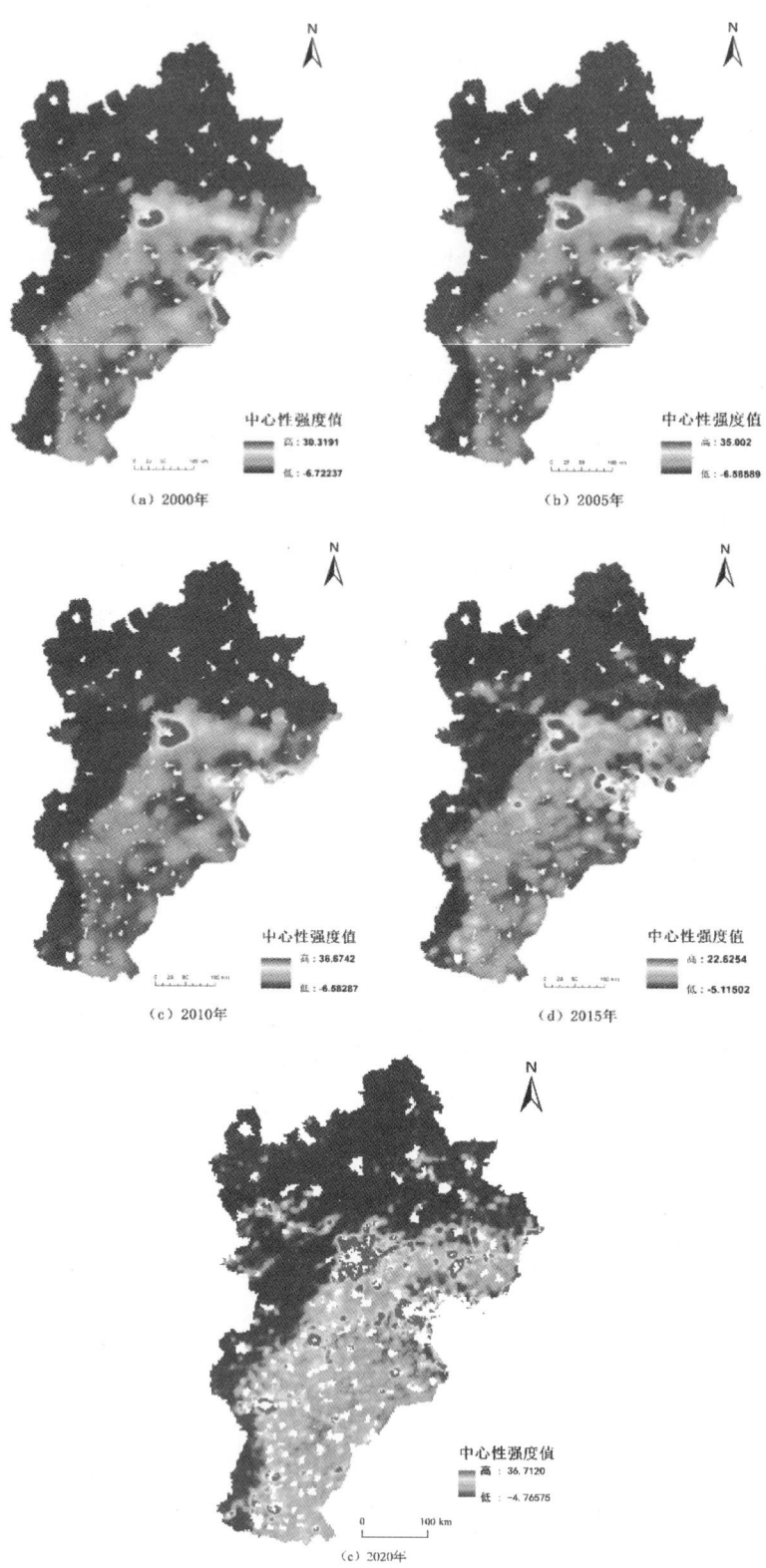

图 9-6 京津冀乡村中心性时空演化，2000—2020

在21世纪初期，京津冀地区乡村演化中心性强度的高值地区主要集中在北京城市周边地区以及天津、唐山、沧州的滨海地带。此后，伴随着京津冀地区地级市的发展壮大，乡村演化中心性强度的高值地区呈现出以北京、天津、唐山、保定、石家庄等主要城市以及秦皇岛、唐山、天津、黄骅港口为中心向周边扩展的空间格局特征。这些区域乡村发展的中心性强度日益增加，乡村中心性逐渐显现。在中心城市的辐射带动下，临近的乡村地区更易于聚集经济发展所需的土地、资本等要素，更易于承接相关产业项目，与城市地区的经济联系度愈发曾强，因而乡村地区建设用地的扩张更加显著。该趋势在2015年-2020年尤为明显，京津冀地区城市周边地带的乡村演化中心性相较于其他研究期明显增强。

然而，京津冀北部的燕山地区、西部的太行山地区受自然条件、地理区位、基础设施等的影响，对外通达度较低、县域经济综合实力较弱，导致了乡村地区发展严重滞后，进而形成了燕山-太行山贫困片区，直接凸显了该区域乡村发展质量不高的态势。研究也显示，在2000-2020年间，相较于京津冀中部及东部的平原、沿海地带，燕山、太行山地区的乡村演化中心性强度值普遍较低，乡村地区对生产要素的集聚能力较弱。

研究基于建设用地的年均变化率测算了京津冀地区乡村演化成长性。如图9-7所示，在2000-2020年间，京津冀地区乡村成长性具有显著的时空差异性特征。在2000-2005年间，伴随着天津的滨海新区、河北的曹妃甸港、黄骅港等环渤海地区的大规模开发与建设，京津冀地区乡村成长性强度值较高的区域主要集中在以北京-唐山、天津-沧州为轴线的地区，乡村建设用地的扩张速度较快。在环渤海大开发的战略背景下，大规模的投资与建设促进了生产要素向乡村地区集聚，激发了乡村内生动力，形成了以环渤海地区为极核的乡村成长空间格局。

在2005-2010年间，京津冀地区的乡村成长进入平稳期，区域内乡村成长强度值处于相对均衡状态。随着河北省《河北太行山星火产业带建设规划（2006-2010）》的实施，通过项目建设重点推进太行山地区的绿色名果产业、生态养殖产业、旱作杂粮产业、名贵药材产业、非金属矿产业、特色旅游六大产业的发展，极大带动了京津冀西部太行山地区乡村的发展，乡村建设用地扩张速度快于其他地区。

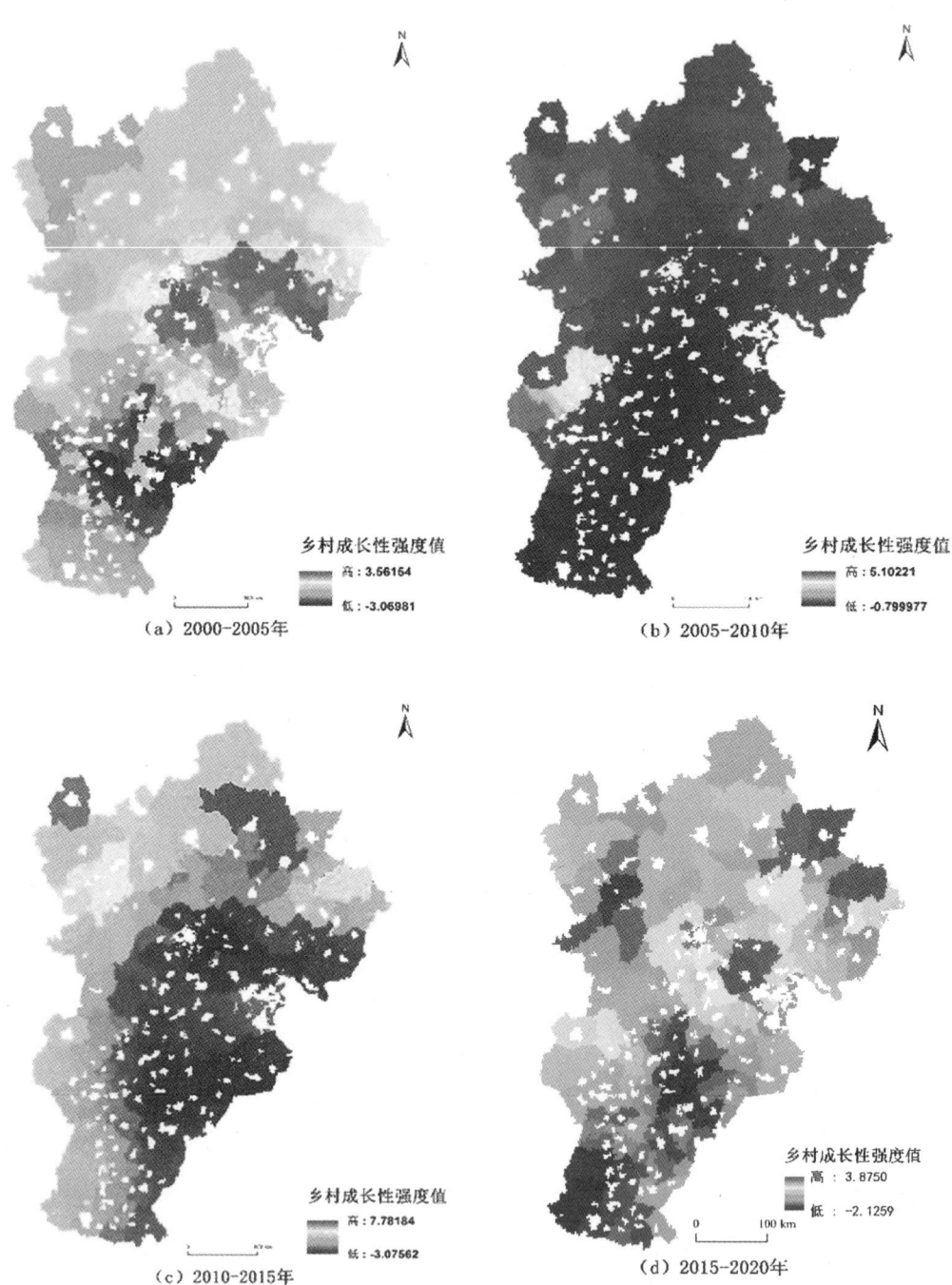

图9-7 京津冀乡村中心性热点时空演化，2000-2020

在2010-2015年间，随着我国扶贫开发工作的不断深入，针对燕山-太行山贫困片区的投入力度与规模逐年加大，也成为乡村地区发展的重要助推器。在此期间，京津冀北部的张家口、承德地区县域经济快速增长，直接带动了县城周边乡村地区的发展，乡村成长性强度值相较于2000-2010年普遍较高。

在2015-2020年间，随着精准扶贫政策不断深入，扶贫项目数量大幅增加，京津冀乡村建设用地开发程度更加集中。一系列帮扶项目和帮扶资金在乡村落地，乡村实施水、电、路、气、房和环境改善"六到农家"工程，帮助乡村发展生产，增加村民收入。在此期间，京津冀乡村建设用地开发集中于北京、天津周边乡村以及河北省西北部秦皇岛、承德地区，在燕山-太行山贫困片区乡村建设用地也出现了增幅较大的情况。在该五年间，京津冀乡村基础设施建设等系列工程出现面状扩散趋势。

基于对京津冀地区乡村演化中心性与成长性的分析可知，进入新世纪以来京津冀地区乡村演化具有显著的时空差异性特征。在此过程中，以城市为核心、县城及重点乡镇为主体的城镇经济的发展与辐射有效带动了乡村地区发展。"以城带乡"也成为京津冀地区乡村演化的主要驱动模式。

第三节 欠发达地区乡村演化研究

在以县域为单元的京津冀地区乡村地域系统演化特征分析的基础上，本节以河北省张家口市阳原县为研究对象，利用格网统计与空间冷热点分析法对其城、镇、村建设用地扩张进行分析，从微观尺度揭示其乡村演化时空过程及格局特征。阳原县位于我国燕山-太行山集中连片贫困地区，也是河北省的深度贫困县之一。因资源禀赋不优、地理区位偏远、基础设施与公共服务水平不高等因素影响，阳原县"乡村病"问题尤为凸出，主要表现为青壮年劳动力大量流失、农业经营主体老弱化严重、土地荒废及低效利用等问题，导致了乡村经济凋敝，加剧了人口流失与贫困化，乡村发展面临衰退境地。

3.1 县域发展概况

阳原县位于北纬39°53′-40°22′，东经113°54′-114°48′，总面积为1849平方公里，地处黄土高原与内蒙古高原向华北平原过渡地带，境内地形地貌复杂多样，地势南北环山，桑干河由西向东横贯全境，山地、丘陵、平原等多种地貌类型相间，其中山区、山麓平原、河川分别占全县总面积的27%、57%与16%，呈现"两山夹一川"的典型山区地貌（图9-8）。

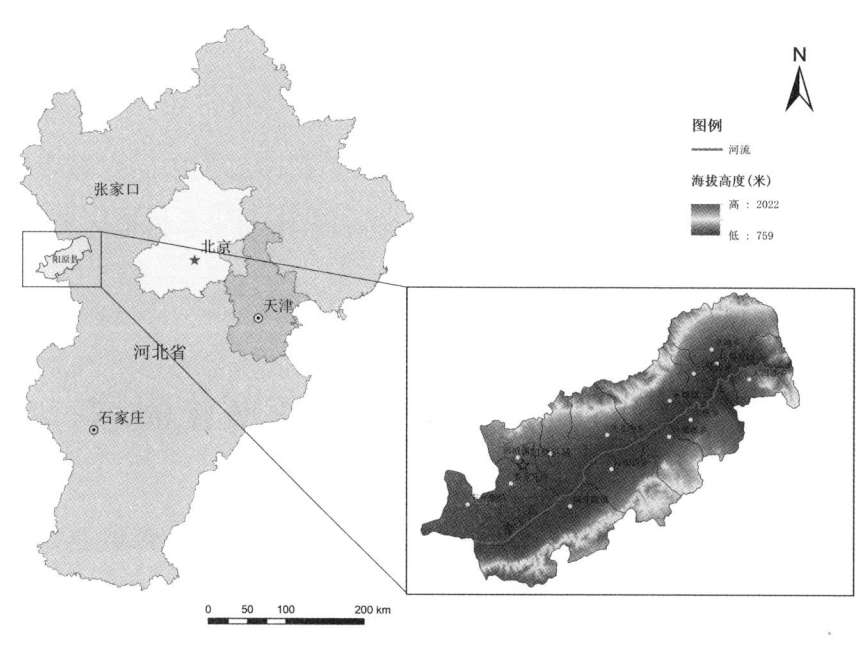

图9-8 阳原县区位与地形图

长期以来，阳原县经济基础薄弱，发展落后，2018年阳原县国民生产总值48.51亿元，人均1.92万元，只有京津冀地区平均水平的四分之一；县域产业结构比为23∶25∶52，第一产业在国民经济中依旧占有较高的比重，城镇化率为42.92%，低于京津冀地区平均水平22.94个百分点；人民生活水平较低，2018年农村居民人均可支配收入9700元，远低于京津冀地区平均水平。

3.2 研究方法与数据来源

参照京津冀乡村演化中心性与成长性研究方法，在提取 2000 年、2005 年、2010 年、2020 年乡村建设用地的基础上，利用 ArcGIS10.2 平台制作出覆盖阳原县的 100m×100m 格网，将格网与乡村建设用地数据叠加并作分区统计，计算出每个格网内的建设用地面积，并利用 $Getis-OderG_i^*$ 功能来分析格网统计汇总后的乡村建设用地空间分布数据，探测出阳原县 2000 年、2005、2010 年、2020 年的乡村建设用地冷热点区域，进而揭示乡村空间中心集聚性。

3.3 研究结果

（一）城、镇、村土地利用格局变化

如表 9-6 所示，2000-2020 年阳原县城市与乡村建设用地不断增长，城市建设用地面积由 9.22 平方公里增长到 11.65 平方公里，增长了 2.43 平方公里，增幅为 26.36%，增长量主要集中在阳原县城及其周边地区（图 9-9）；乡村建设用地面积由 35.54 平方公里增长到 58.83 平方公里，增长了 23.29 平方公里，增幅为 65.53%，增速明显高于城市建设用地。然而，乡村建设用地增长量呈点状分散在河谷平原地区，未产生明显的空间集聚。各乡镇的建设用地扩张强度差异性较大，西城镇、东城镇以及化稍营镇的建设用地扩张强度高于 5%，而辛堡乡、大田洼乡与井儿沟乡的建设用地扩张强度不足 3%（图 9-9）。在此过程中，阳原县耕地面积由 1075.33 平方公里减少到 1026.4 平方公里，减少了 48.88 平方公里，降幅为 4.55%。研究数据显示耕地，阳原县 100% 的城市建设用地增长量与 89.77% 的乡村建设用地增长量都来自于对耕地的占用。

如表 9-7 所示，2000 年以来，阳原县乡村建设用地扩张强度高于乡镇政府所在地以及县城的建设用地扩张强度。在 2000-2010 年间，城、镇、村建设用地扩张强度分别为 2.44%、2.91% 与 5.79%，2010-2020 年间阳原县城、镇、村建设用地扩张强度普遍回落，分别为 0.75%、1.80% 和 1.95%。

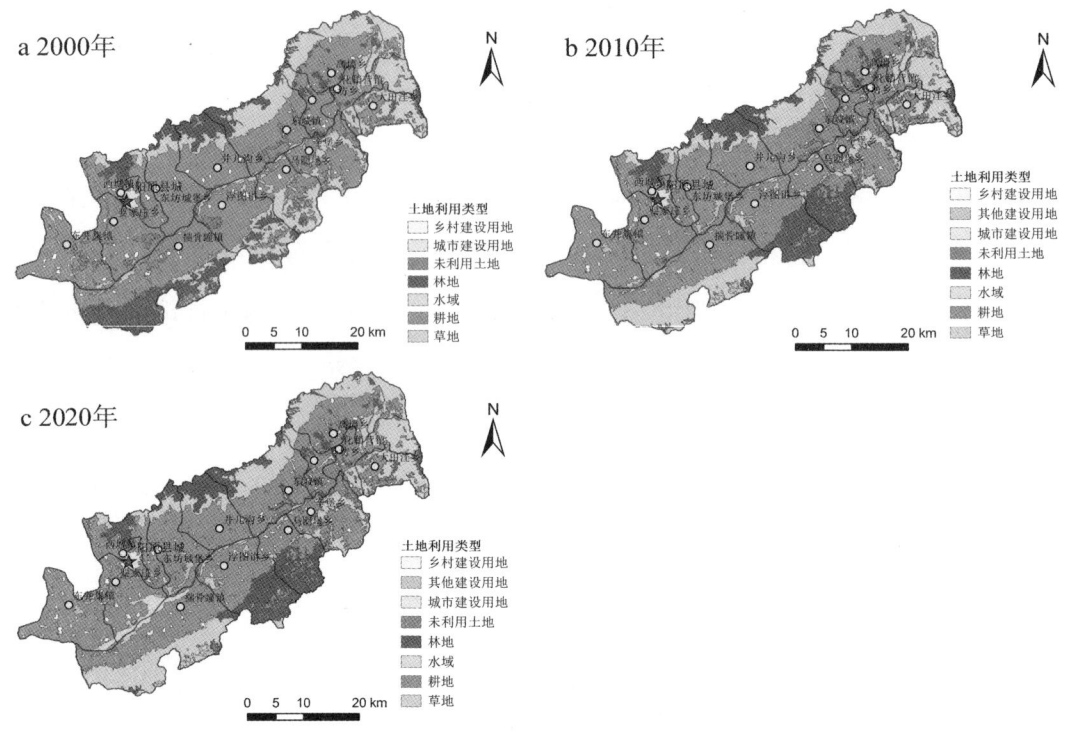

图 9-9 2000-2020 年阳原县土地利用类型变化

表 9-6 2000-2020 年阳原县土地利用变化（平方公里）

用地类型	2000 年	2010 年	2020 年
耕地	1075.33	1050.13	1026.45
城市建设用地	9.22	11.08	11.65
乡村建设用地	35.54	53.75	58.83
林地	223.82	223.52	221.13
草地	443.52	448.66	445.06
水域	27.19	23.18	49.49
未利用土地	30.35	8.09	2.56

表 9-7 2000-2020 年阳原县城—镇—村建设用地年均扩张强度

地域类型	2000-2010 年	2010-2020 年
县城	2.44%	0.75%
乡镇政府所在地	2.91%	1.80%
乡村	5.79%	1.95%

(二) 乡村中心集聚性与成长性

如图 9-10 所示，2000 年，阳原县乡村建设用地的中心集聚性最高值是县城与西城镇周边地区，乡镇的中心集聚性开始显现，村庄的中心集聚性较弱，建设用地利用整体呈现单中心"聚核式"的空间格局特征。2005 年，阳原县建设用地的热点依旧是县城周边地区，各乡镇的中心集聚性有所增强，但单中心"聚核式"的城乡空间体系格局并未改变。2010 年，阳原县城周边地区的建设用地集聚性依旧是最高的，化稍营镇等东部乡镇建设用地的中心集聚性明显增强，在东部地区逐步形成了副中心，改变了单中心式的城乡演化空间体系。

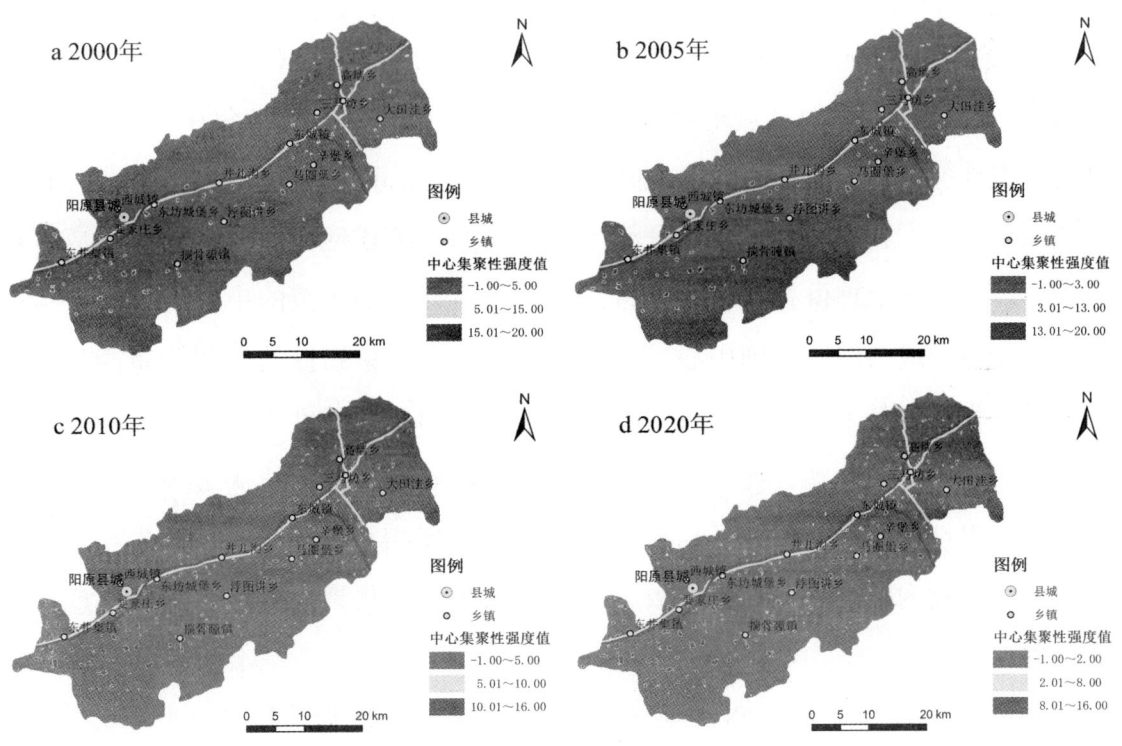

图 9-10　2000-2020 年阳原县乡村建设用地中心性时空演化，2000-2020

此外，国道与高速等交通干线周边地区的乡村建设用地中心集聚性开始显现，但大部分乡村依旧呈点状分散在河谷平原地区，未产生明显的空间集聚性。2020 年，阳原县东部乡镇建设用地中心集聚性进一步增强，并沿交通干线形成高中心集聚带，双核式城乡空间体系特征进一步加强。

为进一步探究交通干线与行政中心对乡村建设用地规模的影响，本研究利用 ArcGIS 10.2 平台的近邻分析功能计算出各乡村到主要干道与乡镇的距离，并利用多元线性回归模型对各村庄 2020 年建设用地规模与到主要干道（国道、高速公路）的距离、到乡镇中心距离等指标进行回归，发现各项指标的 p 值都小于 0.1，呈显著负相关，表明距离主干道、乡镇行政中心的距离越小，乡村建设用地规模越大，交通的通达性对乡村建设用地规模产生显著影响。具体回归模型如下：

$$Y = 0.2405 - 0.00349X_1 - 0.00760X_2 \qquad R^2 = 0.538 \qquad (1)$$

式中：Y 是指各村庄 2020 年建设用地规模，X_1 是指各村庄到主要干道的距离，X_2 是指各村庄到乡镇中心的距离。

总体来看，2000 年以来，由于城镇化与工业化的发展，阳原县的物质、资本、人口等生产要素不断向县城汇集，导致县城周边成为建设用地集中的热点地区，中心集聚性突出，土地利用集约化程度较高；阳原县东西狭长，且县城位于西部，导致东部人员、物质、资本、信息等生产要素的交流不便，需要在东部形成区域副中心，得益于地理位置与政策扶持，化稍营镇等东部乡镇的中心集聚性日益凸显，逐步发展成为阳原县副中心；交通干线对于中心集聚性的空间分布产生重要影响，宣大高速与 109 国道的通车改变了阳原县的区位条件与交通通达性，加快了生产要素的空间流动，促使其向交通通达性较好的交通干线周边地区集聚，改变中心集聚性特征；但阳原县乡村地区的产业发展相对落后，人口流失严重，城镇化与工业化内生动力不足，导致整体建设用地中心集聚性较弱，难以形成有效辐射的区域中心。

如图 9-11 所示，在 2000—2020 年间，阳原县乡村成长性热点分布呈现显著的时空差异性特征。在 2000—2010 年间，县城及其周边地区为主要扩张核心，主要扩张方向是西部；乡村建设用地扩张强度高值聚集区为西城镇，受到县城城镇化与工业化外溢等因素的影响，人口与产业集聚明显，建设用地扩张强度最高。在政策扶持与区位优势的影响下，化稍营镇、高墙乡、三马坊乡等东部乡镇城镇化与工业化发展迅速，人口加速集聚，建设用地扩张强度较高。在 2010—2020 年间，高速公路等交通线的开通提升了阳原县对外交流的便捷性,促使人口、资本等生产要素向交流更方便的交通沿线聚集,改变了城乡空间格局。化稍营镇至三马坊乡交通沿线地区的发展态势迅猛,土地利用结构发生显著变化,成为乡村成长空间中的热点地区。

总体来看,乡村成长的空间差异性显著,西城镇、化稍营镇等乡镇区位条件与交通通达性较好,经济发展水平较高,能够吸引本地区人口与产业等生产要素集聚,空间成长性较强。但其他乡镇距离主要交通干线较远,乡村建设用地成长性普遍较低,生产要素集聚效应较差,镇域经济实力薄弱,对村庄的辐射带动能力有限。

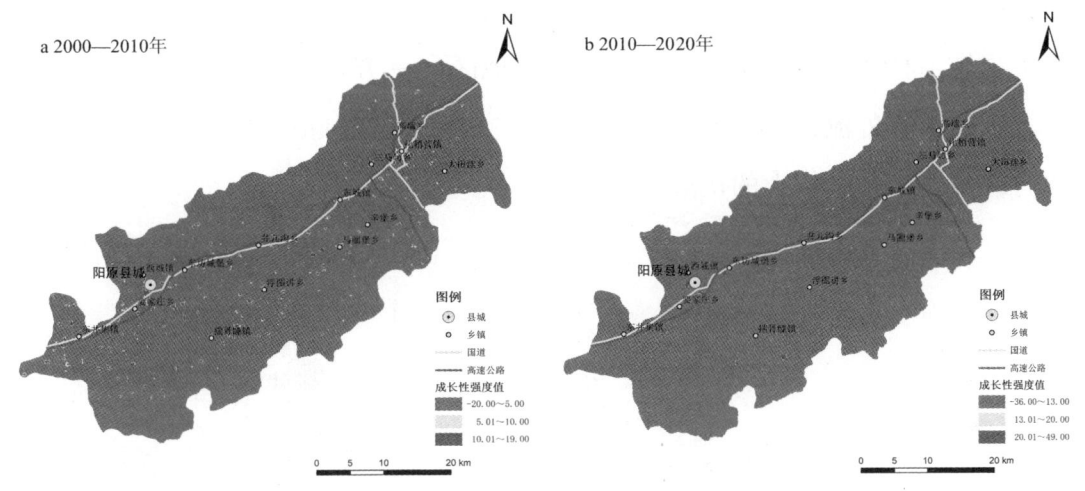

图 9-11 2000-2020 年阳原县城乡建设用地成长性演化

(三) 典型乡镇人地关系变化

为了进一步揭示阳原县乡村地域系统的演化特征,本研究选取稍营镇、辛堡乡两个典型乡镇进行分析。化稍营镇位于阳原县东部,距县城 42 公里,面积 94.12 平方公里,2020 年底全镇户籍人口 22832 人,人口 17507 人,得益于阳原县政府的政策支持与优越的区位条件,全镇经济发展速度较快,逐步发展成为阳原县的"副中心";辛堡乡位于阳原县东南部,距县城 32 公里,面积 116.4 平方公里,2020 年底辛堡乡户籍人口 12525 人,人口 9328 人,该乡镇交通通达性较差,基础设施建设与经济发展水平较为落后，人民收入水平较低，是贫困村、贫困人口集中的乡镇。

调研数据显示，截至 2020 年化稍营镇、辛堡乡的人口流失量（户籍人口与人口的差值）分别为 5325 人与 3197 人，分别占其户籍人口总数的 23.32% 与 25.52%，各乡村人口流失量普遍超过 50 人，部分乡村的人口流失量超过 500 人（图 9-12）。然而，化稍营镇、辛堡乡的乡村建设用地却呈逐年递增态势。如表 9-8 所示，在 2000-2020 年间，化稍营镇与辛堡乡的乡村建设用地面积分别增长了 2.54 平方公里与 1.42 平方公里，增长率为 107.63% 与 46.10%。乡村建设用地扩张与乡村人口减少同时存在，显示出化稍营镇、辛堡乡的土地非农化进程并非产业用地扩张，而是乡村居民点用地的"建新不拆旧"问题导致的无序扩张，不能有效地支撑乡村产业发展，从而形成了乡村地区"一方水土难养一方人"的境遇，加剧了乡村人口外流，"人减地增"的农村空心化趋势日趋严峻，给乡村地域系统的可持续发展带来了较大的挑战。

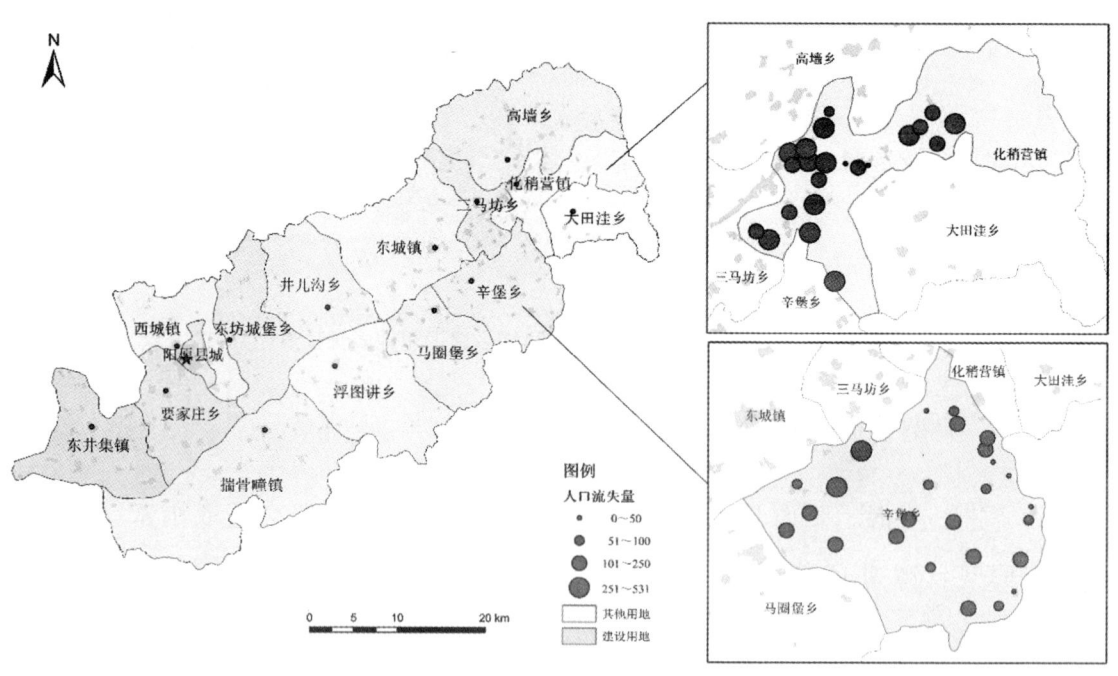

图 9-12　化稍营镇与辛堡乡各村庄人口流失量

表 9-8　2000–2020 年化稍营镇与辛堡乡建设用地变化（平方公里）

年份 \ 乡镇	化稍营镇	辛堡乡
2000	2.36	3.08
2005	2.54	3.26
2010	4.57	4.37
2020	4.90	4.50

第十章 京津冀宜居宜业和美乡村建设实践

当前,京津冀广大乡村地区人口持续流失、发展动力不足、农业增产和农民增收困难,乡村衰退问题凸显。2014年,京津冀协同发展上升为国家战略,这是面向未来打造绿色首都经济圈,实现京津冀优势互补,推进城乡融合发展的重要战略部署。九年来,按照区域一体化思路,京津冀地区不断创新城乡融合发展的体制机制和政策体系,把世界级城市群建设与农业农村现代化建设相结合,发挥京津两地对腹地乡村的辐射带动作用,有效带动了乡村振兴发展。本章从不同类型视角,遴选了京津冀地区宜居宜业和美乡村建设的典型案例,梳理了类型模式及其成功经验。

案例一 北京市怀柔区渤海镇北沟村的文旅结合致富模式

一、基本情况

北沟村位于北京市怀柔区渤海镇西北山区,东南距怀柔新城约14公里,距北京中心城区约80公里,距离慕田峪景区仅0.9公里,与周边紧邻的慕田峪、辛营和田仙峪三个村庄共同构成"长城国际文化村"。曾经的北沟村环境破败、设施匮乏、产业落后,为了顺应北京市的乡村旅游风潮,抓住慕田峪景区和长城国际文化村建设的机遇,北沟村充分发挥自身优势,主动探索由板栗种植向民宿接待的产业转型,目前旅游业、文旅业、民俗旅游接待业正成为村民增收致富、走向共同富裕的新兴产业。至今，北沟村已有 70 余家民宿，获得了近 20 项国家级和北京市级荣誉称号，如中国最有魅力休闲乡村、全国乡村旅游重点村、全国乡村治理示范村等（赵之枫，王春鑫，2023）。

二、模式做法

村党支部把第一颗棋子落在了改善村容村貌和基础设施上。几年间，村内村外的路一条条修好了，污水处理中心运行了，太阳能路灯亮起来了，文化广场和灯光塑胶篮球场建起来了，文化活动中心对村民开放了。经过几年间精心的改造重建，一个美丽的乡村跃然眼前。

北沟村党支部的第二步棋落在了提升村民素质，改善民俗民风上。村里于 2008 年起就搞起了"传统文化进北沟"活动，定期组织村民学习《弟子规》、《三字经》、《论语》等传统经典。北沟村党支部带领全体村民制定了《村规民约》，共有 22 大项 56 小项，三万余字，内容涉及村里方方面面、大事小情。此外，村里还投资 200 万元建设了文化广场，村头的墙壁上刻有黄底红字的"和为贵"三个大字，"程门立雪"、"管鲍之交"、"岳母刺字"、"司马光砸缸"等典故也上了村里的文化墙。这项举措不仅在北沟村营造了浓郁的文化氛围，潜移默化中教育了村民，同时也为旅游业的发展增添了一道亮丽的风景线。

图 10-1　北沟村发展对比

图片来源 https：//mp.weixin.qq.com/s/uH3AAFuTxX_66yfucjNrhA

北沟村党支部把第三颗棋子落在了促进国际文化大融合和城乡共建大发展上来。北沟村党支部从外国人改造经营民宅的成功中得到启迪，经过充分的研究讨论，他们明确了开展特色旅游，面向中外游客，打造国际文化村的发展战略。村容村貌的改善逐渐吸引了越来越多外籍投资者租赁废弃工厂或者闲置房屋进行改造，外来资本的不断注入推动了北沟村旅游发展。外来社会文化与本土文化相互融合，协商推动了旅游产业的创新，形成具有中西文化结合特征的旅游空间（刘鲁，2023）。2009年至今先后建立了颇具文化韵味的乡村酒店——北旮旯乡情驿站、由废弃的琉璃瓦厂改造的颇具艺术气息的瓦厂酒店、瓦美术馆和具有乡野人文气息的三卅精品民宿。不仅为当地民俗旅游和文旅产业的发展带来动力，也为当地村民创造了更多就业机会，在很大程度上解决了乡村振兴中人才短缺、源动力不足等实际难题。

图 10-2　北沟村特色旅游

图片来源：https://mp.weixin.qq.com/s/uH3AAFuTxX_66yfucjNrhA

三、建设成效

如今，北沟村不仅建有高档的艺术展馆、精品的民宿院落，还有高水准的旅游接待站、老年人幸福驿站，更有村级物业管理公司，实现了街道绿化美化有人管，村民大事小情有人上门服务，一个充满文化气息的现代化村庄初步形成。2021年，村民人均年收入达3万元，而在2004年，村民人均年收入只有4500多元。

北沟村全面推进乡村振兴,打造"乡村振兴——文旅"产业示范样本,前景非常广阔。面对新时代乡村振兴背景下,北沟村通过乡村美学建设美丽乡村,通过产业振兴促进乡村全面富裕。随着时代的发展,京郊乡村休闲度假村也成为北京及周边城市旅游产业的重要组成部分,并且向着多元化发展,北沟村的发展具有典型和代表性,对于全国同样具有相似条件的其他村庄有着借鉴意义。

案例二 北京市密云区太师屯镇流河峪村的一二三产融合发展模式

一、基本情况

流河峪村原称流漕峪,位于镇域西南部,京承公路过域。村域面积578万平方米,有317户,780余人。为山区,海拔205米左右,植被覆盖率为85%。村内种植小麦、玉米、谷子等;产苹果、核桃、梨等果品。流河峪村依托北京邑仕山谷旅游科技发展有限公司,以葡萄为主导产业,以葡萄与葡萄酒文化为灵魂、以美丽乡村生态保水文化旅游为主线、以科技手段为支撑,将葡萄与葡萄酒文化作为核心产业融入乡村建设当中,造就全产业链价值高地,实现价值外溢,带动农民致富,树立了一、二、三产融合的乡村振兴示范。

二、模式做法

(一)建立保障机制,夯实农民增收基础

一是以"公司+基地(专业合作社)+农民"的模式发展。公司与合作社签订《葡萄基地合作协议》及《葡萄收购合同》,以合作社为种植主体,农户进行葡萄种植,实行保底收购,以高于市场价20%的价格作为最低收购价。二是加强种植技术支持,减轻农民负担。公司在十余个行政村发展酿酒葡萄种植,定期对所有

种植户进行统一技术指导，统一管理，提高葡萄种植水平，保证葡萄的质量，形成"邑仕"专有的葡萄种植基地。

图10-3　流河峪村葡萄基地

图片来源：http：//www.bjmy.gov.cn/art/2023/5/9/art_ 11008_ 429423.html

图10-3　流河峪村葡萄基地

图片来源：https：//m.sohu.com/a/494376929_ 120438071#read

（二）实施反租再雇，实现农民多重增收

公司始终坚持为农、兴农，把农民增收放在首要位置，在流河峪、上庄子、东田各庄、太师庄等村流转土地近千亩，用于种植葡萄，大力发展葡萄产业，使闲置土地得到重新利用，与合作社、农户等经营主体之间形成了租金和劳务收益等多样

化的农民增收模式。同时，由公司进行统一培训、统一指导、统一管理。通过"农村社会化管理提升+农业产业化发展+农民素质化提升"，有效的解决了公司产业辐射区域的"三农"问题，最终实现企业的提质增效与群众增收致富同频共振。

（三）发展精品民宿产业，促进农民增收

为打造美丽乡村生态文化旅游，近年来，公司以流河峪村精品民宿为引领，发展了以葡萄与葡萄酒为主题的特色民宿。公司与村股份经济合作社签订合作，在流河峪村流转了11套闲置农宅改造成以葡萄为主题的精品民宿，由公司负责运营，形成"公司+合作社+农户"的合作模式，企业、合作社、农户等经营主体之间形成了"租金+保底+分红"以及雇佣本地农民从事民宿保洁、养护等多样化的农民增收模式。

（四）健全三产功能，促进农民就业增收

2018年以来，流河峪村依托公司积极打造葡萄种植加工产业园经济与旅游文化产业相结合的全域旅游线，串联起太师屯镇5个行政村。通过线上、线下大力度宣传，吸引全国各地游客到现场，全年接待游客量10万人次，以生态、美丽、精品、高质、创新为原则注入葡萄与葡萄酒、历史、农耕等文化内涵带动市场价格提升，从而促进各行政村农户自产葡萄及其他农产品采摘、餐饮、住宿等增收，真正造就区域全产业链价值高地，实现价值外溢，带动区域及周围农民致富，树立一、二、三产融合的乡村振兴示范。

三、建设成效

目前流河峪村已建成邑仕庄园主城堡、各类酒窖、葡萄酒博物馆、葡萄科普馆、千亩葡萄基地示范园、儿童乐园、户外营地、精品民宿、君星酒庄、设施农业等项目。充分吸纳周边剩余劳动力100人以上，其中管理人员和技术人员约15人，服务员、生产工人约25人，一定程度减轻了当地社会就业负担，促进了农村经济发展，为解决"三农"问题做出了应有的贡献。

案例三 北京市密云区穆家峪镇荆子峪村的科技赋能现代农业模式

一、基本情况

荆子峪村地处直辖区县，边上有沙峪沟村、羊山村，物华天宝，物产丰富，物产丰富，气候宜人。北京极星农业位于村子的西侧，总占地面积约270余亩，毗邻密云水库以及潮河湿地公园、密云马拉松赛道沿线。极星农业引进了荷兰先进的温室技术，并结合了北京市密云区当地近50年的气候信息，在河滩地上建造出一座以智能玻璃连栋温室为主体，占地3.3万平方米的高产现代化设施农业园区。极星农业落地后，不仅能让当地农民每年获得135万元的租金，还能提供50个就业岗位，使他们每个人每年增收4万余元，村民能在家门口赚钱。

图10-5 北京极星特色农业

图片来源：http://www.bjmy.gov.cn/art/2023/1/3/art_ 4270_ 104917.html

二、模式做法

（一）提升现代化水平，实现精准化生产、可视化管理、智能化决策

农业是最传统的行业，应用AI等新技术与传统农业结合，是实现产业升级的

重要途径（刘彦华，2022）。极星农业引进国际先进农业技术，采用现代化连栋智能温室。温室内的灌溉、补光、幕布、加热及 CO_2 回收、高压喷雾等系统可以全部接入计算机系统，计算机系统根据温室内分布的温度、湿度、光照强度等各种传感器采集到的实时数据，根据设定好的参数自动完成灌溉、开关灯、开闭幕布、启停锅炉等动作，从而确保温室内的作物随时都处在最适宜的生长环境中。产量是传统农业的 5 倍以上，水资源的消耗不到传统农业的三分之一，每年回收二氧化碳超过 900 吨，努力践行农业生态可持续，探索农业碳达峰、碳中和，并实现了荷兰高效工厂化生产技术在国内成功的落地。

（二）发挥人才资源优势，强化乡村振兴人才支撑

乡村振兴，人才是关键。极星通过科技赋能，提升乡村产业的利润率，大力发展高附加值的产业和产品，吸引和留住优秀人才，培养了一批专业运营技术团队和新型现代农业产业工人。现已形成现代温室设计、建造、专业设备安装、生产、运营的全产业链业务能力，也在对外输出技术和管理。

（三）促进产村融合发展，带动农民增收致富

开展"龙头企业+专业合作社"合作模式。通过开展种植技术、经营管理、科技应用等方面的培训，改善合作社生产设施条件，提升合作社发展能力，支持合作社运用优良品种、先进技术、物质装备等发展现代农业。农民持续增收，不断提升了农民获得感、幸福感、安全感，增强勤劳致富的精神动力。

（四）建立农业全产业链，加快农业现代化步伐

打造极星全产业链模式，"纵横"双方向共同发展。纵向延伸拉长农业产业链条，一产接二连三。横向拓展农业产业链，从单一的农产品生产向休闲、健康、生态保护、旅游、文化、教育等领域扩展，延续"农业+"模式，充分发掘农业多种功能和乡村多重价值，催生新产业新业态，搭建新平台新载体。

（五）加强科技合作，推动创新发展

探索科技创新合作新模式，积极推动极星农业在技术创新方面高质量发展。

一是创建"合作+示范"模式。在杭州阿里巴巴总部举办的"阿里巴巴数字农业技术创新中心成立发布会"上，极星农业作为设施农业代表，被挂牌授予为中心种植示范基地，成为创新中心的首批合作基地。

二是创建"合作+打造"合作方式。与荷兰最大的智能温室设计建造公司BOM集团签署合作谅解备忘录。双方共同打通温室材料、装备国内的上下游产业链，在保证工程标准和质量的前提下进一步降低工程成本，提高市场竞争力。

三是创建"合作+成果转化"模式。极星技术团队与拜耳数字创新与孵化团队合作，联合开发新的智能化的管理系统。系统共包括7个模块，可实现对温室的精准化、智能化、数字化的管理，有效提高温室管理效率和核心科技竞争力。

四是创建"合作+能源"模式。集团公司与京能科技签订战略合作协议，着力推动"现代农业+能源综合利用"，探索科技农业循环经济新模式，通过地源热泵+分布式光伏进一步降低项目能源成本。

三、建设成效

2019年北京市密云区成功申报国家级现代农业产业园，极星农业作为产业园的三大中心区之一，在产业园规划中被定位为"智慧农业科技创新中心"。2020-2021年，极星农业小番茄获得熊猫指南2020秋榜一星精选，黄色串收番茄也获得2020年度FHC"中华食材优品"的殊荣。2021年第四批国家现代农业产业园认定中，北京极星农业作为北京市唯一一个园区上榜。极星农业连续三年通过GLOBAL G.A.P（全球良好农业规范）和CHINAG.A.P（中国良好农业规范）双认证。

结合荷兰农业发展的成功经验和我国农业发展的现状，极星农业产业园将以现代农业生产体系为纽带，以现有的设施、技术、人才、资源和销售渠道等优势为基础，以建设密云区国家现代农业产业园为契机，通过一二三产业融合理念构筑集成化产业链，以产学研一体化理念打造高端化产业链，最终建成具备区域垄断能力的产销基地，打造5A级农业生态产业公园。

案例四　天津市滨海新区太平镇友爱村的能人带动直播助农模式

一、基本情况

友爱村地处天津市滨海新区大港南部，占地面积 4 平方公里，属太平镇管辖，是镇区规划的四个村庄之一，位于太平镇政府所在地北端，距镇政府所在地仅一华里之遥，地理位置居中，交通便利。

友爱村是太平镇重要的冬枣生产基地之一。这里以盐碱地为主，以前种植过小麦、苹果、梨等多种经济作物，但收成和品质都不突出。近年来，该村盘活撂荒冬枣林，改良碱性土壤，持续推进农业新技术试点、新品种引进，实现冬枣种植规范化。村委会对冬枣林集中管理，统一施肥等标准，降低枣农的种植成本。另外，聘请专业技术员定期深入田间地头指导，督促枣农减少使用农药，推行绿色生产，提升冬枣品质。在多方努力下，友爱冬枣荣获"津农精品"及"中国地理标志农产品"认证。2018 年以来，友爱村冬枣年均销量近 50 吨，单价提高 8 倍以上。

图 10-6　友爱村特色冬枣产业

图片来源：http://tj.sina.com.cn/news/m/2022-09-19/detail-imqmmtha7877315.shtml

二、模式做法

2018年以来，天津市委着力培养振兴乡村的年轻人才，连续4年面向全国广发"英雄帖"招揽英才，每年招录千名农村专职党务工作者，在农村基层一线锤炼党性、砥砺品格、增长才干。

作为第一批农村专职党务工作者，2018年9月，毕业于沈阳农业大学的"90后"王晓航，第一次走进滨海新区太平镇友爱村。她迎难而上，辗转多地邀请农业专家对冬枣撂荒问题进行专业分析，聘请山东冬枣研究院技术员每月为村民进行集中培训，深入田间地头指导种植。同时，自主注册友爱村商标，还通过直播、微商、淘宝等多渠道全面推广，邀请魔术师刘谦免费带货。"滞销"一下子变"直销"，2019年，友爱村及周边村民销售冬枣100多万斤，销售单价比往年上涨了800%，村民直接增收300余万元。

2021年10月15日，首届"友爱杯——乡村振兴实战营"新媒体运营大赛正式在友爱村上线。吸引了多所高等院校的大学生，以实地"直播助农"的形式打通友爱村冬枣的上行渠道。

三、建设成效

手机变"新农具"，直播成"新农活"，农民变"新网红"。太平镇友爱村率先探索的电商直播实践已深深嵌入乡村振兴的大地，转化为农民实实在在的获得感。致富找对了路，政府有扶持，乡亲们学得快，短短几年时间，友爱村成了全国有名的"鲜枣之乡"。时至今日，友爱村冬枣林已发展为成熟的冬枣"产业园"，园内冬枣销往全国31个省市及地区，一年可为当地枣农及周边村销售冬枣100多万斤，村民直接增收300多万元。

案例五　天津市津南区北闸口镇前进村的社会资本助力乡村建设模式

一、基本情况

该村位于津南区北闸口镇西南端，处于天津市滨海新区与中心城区中间地带的绿色生态屏障一级管控区内，是天津市结对帮扶困难村。全村共350户，896人，村域面积1800亩，其中耕地面积760亩。近年来，前进村两委班子立足村情实际，全力推进村庄建设，大力发展绿色产业，着力培养文明乡风，带领群众走出了一条党建引领绿色高质量发展之路。2019、2020、2021年连续被市委组织部评为"五星村"；2020年被评为中国美丽休闲乡村、第六届全国文明村；2021年被评为市、区级先进基层党组织；2021年8月被评为全国乡村旅游重点村；2021年8月，入选天津市乡村振兴示范创建村。2022年村集体收入33.4万元，村民收入人均31000元。

二、模式做法

一是大幅改善人居环境，提升村民幸福感。前进村把改善农村人居环境作为实施乡村振兴战略和走绿色高质量发展道路的重要内容。2019年下半年全力推动综合提升改造工程，打造富有田园乡土特色的村口景观，用乡村彩绘和街景小品扮靓村庄。对村内道路进行重新铺装，绿树鲜花提高村庄"颜值"。为每户村民免费加装保温墙，统一房屋外墙颜色。创造性的把外墙保温和美丽庭院、垃圾分类工作结合起来，与村民签订协议，引导村民自觉养成良好生活习惯和行为习惯。在推进人居环境整治和村庄综合提升改造中，前进村探索出了"内外兼修"、由点到面逐渐拓展的治理体系，曾经的"后进村"，一举转变成为脱贫攻坚和乡村振兴道路上名副其实的"前进村"。

图 10-7　前进村人居环境

图片来源：https://mp.weixin.qq.com/s/fRdwY4jPUO-FgD1m29Oc4Q

二是谋划发展方向，乡村振兴有了"新蓝图"。经全体党员、村民代表商议，创造性地提出了"社会资本+村合作社+农户"的农村经济发展模式，并在村合作社基础上，成立专门的农村产业发展办公室，引进"职业经理人"帮助盘活村内现有资源，进一步提升土地附加值，开拓农产品销路，带动村民增收致富，形成了"村'两委'领导、合作社规划、产业发展办公室实施、'职业经理人'运营、村民共同参与"的发展新路径，为农村产业兴旺发展开拓了一片新天地。

三是推进农业升级，农特产品有了"新收益"。前进村着眼市场定位，推动建立绿色循环农业，推出具有高附加值的有机绿色农产品，打造千亩生态园，引进资源实施稻蟹混养、林下经济、野生鱼养殖等项目，进一步丰富了农产品种类。借助市场运作，加大广告宣传力度，对接美食电视节目、网络电商平台、大型连锁商超等渠道，打开农特产品销路，大幅提升了绿色生态农业效益。

四是探索生态旅游，绿色产业有了"新样式"。通过研究聚焦周末亲子游和学生户外教学两类重点客户活动模式，促成前进村与天津旅游商会战略合作，与欢乐假期旅行社、携程网、碧桂园凤凰假日酒店形成旅游战略合作，根据农作物生长不同时令推出稻田插秧、水田捕鱼和等你"稻"来、"蟹蟹"有你等农事体验活动，打造小学生户外生态研学基地，举办绿色生态文旅活动。

三、建设成效

当前，前进村努力挖掘城郊农村资源禀赋富矿，先后盘活了"散乱污"企业治理闲置下来的厂房和部分民房，为来自中心城区的文化界人士作提供创业空间。不断提升村容村貌，涵养淳朴民风，吸引更多城市近郊人群来到前进村打卡体验乡村生活。

人居环境焕然一新，也带动了村民自主创业，有不少村民自主开办农家院、民宿，既增加了家庭收入又丰富了村庄业态。现在，村中已有十多家研学机构入驻，村民自发开办的民宿、农家院呈增长态势。

案例六 河北省平山县北庄村的"党建引领+红绿融合"乡村建设模式

一、基本情况

北庄村位于平山县西柏坡镇西部，革命歌曲《团结就是力量》唱响地，是老区村、移民村、脱贫村。全村总面积960亩，人口90户328人。因耕地少、底子薄，2014年全村超过三分之一的人口属建档立卡贫困人口。近年来，平山县充分发挥党建引领作用，紧密结合北庄村实际，完善基础设施建设，推进改善人居环境，创新发展特色产业，打造红色美丽村庄。2018年，北庄村整体脱贫出列。2022年北庄村集体收入达到134万元，村民人均收入达到2.1万元，入选国家巩固拓展脱贫攻坚成果村级实践交流基地。被中央组织部选为"全国红色村"，村党支部被评为"河北省先进基层党组织"、"河北省脱贫攻坚先进集体"，获评第二批"革命老区振兴发展示范村"、"全国乡村旅游重点村"、"中国美丽休闲乡村"。

图 10-8　北庄村美丽蜕变

图片来源：http://www.hebgcdy.com/hswh/system/2022/09/27/030614902.shtml

二、模式做法

（一）强化党建引领，打造治理品牌

北庄村"两委"班子具有很强的凝聚力和战斗力，在服务群众、乡村建设、基层治理等方面成效显著。抓组织体系建设，完善村级组织架构，提升工作标准化、规范化水平；抓制度机制建设，以"村民说事"、"夜谈议事"等形式召开村情恳谈会，公开重大事项，接受群众监督；抓乡风文明建设，修订完善村规民约，定期组织开展美丽庭院评选和文明家庭评选，推动村风、民风文明和谐。

（二）发展特色产业，助力乡村振兴

因地制宜，开发红歌文化旅游资源，大力发展红色旅游产业、绿色产业，成为北庄村持续发展的内生动力（马羽昕等，2023）。按照"党支部+合作社+农户"模式，打造红色旅游产品，配套发展"红色民宿、红色餐饮、红色文创"三个红色旅游新业态，以"企业+村合作社+农户"模式，规划建设红色民宿，建成"团结食堂"和西柏坡文创馆，推出"团结宴"、"忆苦饭"等红色餐饮，打造了团结北庄布艺坊、古月豆腐坊等非遗产业。同时，建成了北庄电商直播助农惠农展销基地，引入拼多多平台，通过网络直播、现场体验等方式，展销土特产、非遗手

工等特色产品，构建了"线上+线下"售卖体系，进一步拓宽群众增收渠道。同时还培育发展特色农业产业，打造休闲农业项目和优美大地景观。2021年以来，北庄村接待游客约10万人次。

（三）建设宜居宜业和美乡村

紧密结合北庄村情实际，科学合理规划美丽乡村建设蓝图，充分发挥"中宣部旧址"红色资源优势，坚持"不搞大拆大建"、"修旧如旧"原则，推进区域整体环境和面貌提升。积极与红星美凯龙等知名企业合作，全部清除残垣断壁和生活垃圾，完成农户外墙保温改造、墙面提升和厕所改造，优化村民给排水管网系统，全面提升村庄基础设施水平，让百姓有更舒适的生活环境。

三、建设成效

近年来，遵循"红色北庄、绿色振兴"的发展思路，北庄村以红色旅游为主，以休闲农业、家庭手工业、光伏发电为补充，依托村股份经济合作社，引进社会资本和专业团队规划建设、管理运营，形成红色旅游、观光采摘、科普展示等丰富业态。

目前，北庄村在产业项目上已经打下了坚实的基础，如何运营好这些项目，把产业做精做强，是北庄村主要探索的方向。"打麦场"2022年演出25场，是首选打卡地；团结书屋藏书达1.4万余册，荣获第九届全国"服务农民、服务基层文化建设先进集体"，"传承红色基因 融合共建共享"入选国家乡村振兴局农家书屋创新示范案例；2个红色民宿特色鲜明、安逸舒适，是游客优选休息驻足地。北庄村入选国家巩固拓展脱贫攻坚成果村级实践交流基地。"河北平山县：科学合理规划设计 建设红色美丽村庄"模式入选基层党建品牌，入列国家乡村振兴局彩票公益金典型案例，打响了"团结唱响地 幸福北庄村"乡村振兴品牌。

案例七　河北省阳原县辛堡乡小关村的股份合作共富模式

一、基本情况

小关村位于辛堡乡东南部，既没资源又无区位优势。全村共188户，532口人。3000多亩旱作耕地，祖祖辈辈靠天吃饭。然而，穷则思变，近年来，小关村在环境改善、文明创建、产业发展等方面都有了不小的成绩。曾经贫穷落后、脏乱不堪的小关村道路宽阔、村容整洁、设施蔬菜和肉羊养殖产业发展良好，逐步成为了小关村的主导产业。2018年人均收入7164元。2015年2月，中央文明委决定授予小关村第四届全国文明村镇称号。2021年10月，河北省爱卫会命名小关村为2020年度河北省卫生村。

二、模式做法

小关村创新参股方式，采取股份制合作共富模式发展扶贫主导产业，充分调动贫困农民生产积极性，激发贫困农户内在发展活力。2012年，小关村利用省知识产权局帮扶资金50万元，创建了兴农养殖专业合作社。经过挨家挨户征求意见，多次召开党员会、村民代表会议讨论，最后村里拿出了农户入股办法，合作社股份每股5000元，分为3种类型发放给农户：一种是补贴股，利用扶贫资金给五保户每户补贴5000元，低保户每户补贴4000元，其余农户每户补贴2000元，每户只补贴一股；一种是集体股，给贫困户补贴后，剩余的帮扶资金和集体土地流转收入给村集体入股；一种是创业股，老百姓想多买的不享受补贴，每股还要多交300元的公益事业发展基金，为了防止股份过于集中，合作社还规定每户最多只能买80股。采取这样"集体资产入股、创业户平价入股、贫困户低价入股、五保户免费入股"的方式，蹚出了一条股份合作共富的新路子。

图 10-9　小关村特色种养殖业

图片来源：https://mp.weixin.qq.com/s/tMFMCGd9OCkNDaaVUr-uEA

在运营管理方面，坚持民主、公开、透明的原则，制定了社员大会负责决策、理事会负责管理、监事会负责监督的运行机制，建立了统一运营、分账承包、绩效挂钩的管理机制。合作社盈利后按股进行分红，不产生效益的情况下也不损失社员的股份。合作社的经济效益和发展潜力不仅让股民得到了实惠，更激起了全体村民的发展信心。

"共富机制"让小关村民尝到了甜头，2013 年，他们又注册成立了兴农果蔬农民种植专业合作社，按照"富农先投资见效，贫困户再入股收益"的发展思路，不到一年功夫，建起了 209 个春秋式蔬菜大棚，收益用于基础设施建设、社会事业和扶贫济困。

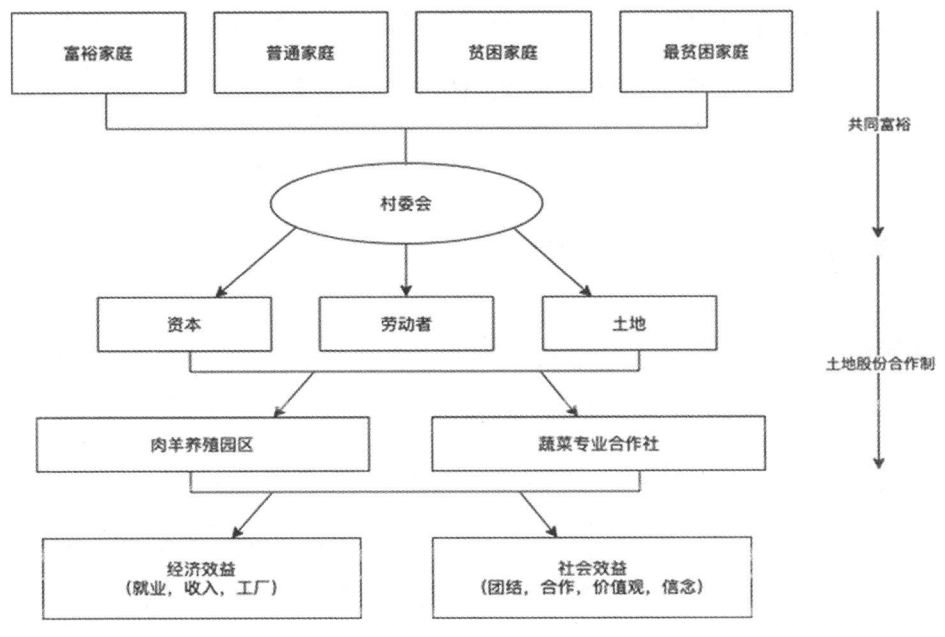

图 10-10　小关村股份共富模式机理

三、建设成效

乡村振兴之路重视乡村产业经营主体的多元化、专业化发展，有以农户为主体的产业类型，也有以合作社、农业企业、外来资本为主体的产业类型。小关村按照"扶贫投入资本权益到户"的新思路，积极探索股份合作共富机制，构建了覆盖村集体、五保户、贫困户、一般户的利益连接机制，使各类脱贫资金得以有效整合，避免"撒胡椒面"和"救急不救穷"现象，变"输血式"为"造血式"扶贫，拓展了群众稳定脱贫的途径。

小关村现在有兴农养殖、设施蔬菜和杏扁种植三大产业园区。全村农民的腰包变鼓了，不仅是种养大户挣了钱，村里的五保户以前每年只有2500元政府救济金，现在平均也能拿到养羊股份分红500元、种菜股份补贴600元和土地流转收益500元。仅这些收入，加上到合作社打工，生活贫困的农户年人均纯收入可稳定达到6000多元。集体的作用发挥出来了，共富机制把村干部和村民连在了一起，人心齐了，干劲足了。村集体通过分红有了钱，把村里的垃圾清了，让路灯亮了，小街小巷的坑坑洼洼修了，以前没钱办的大事小情现在都办了，老百姓的生活越来越红火。

案例八 河北省张北县小二台镇德胜村的企业引领共同富裕模式

一、基本情况

德胜村位于小二台镇西2公里处，距张北县城11公里，总面积20205亩，其中耕地5508亩，林地4900亩，草地7728亩。2017年，全村413户中有212户是建档立卡贫困户。村民世代以农牧为生，过着靠天吃饭的日子。脱贫攻坚以来，德胜村党支部以"企业带领村民共同致富，建设幸福德胜新村"为价值理念，与多家企业、合作社以多种形式合作，共谋乡村发展，形成了以马铃薯微型薯育种、光伏发电、民宿旅游为主导的一二三产融合发展，开创了"政府主导、市场运作、项目牵引、多元融合"的巩固脱贫攻坚成果同乡村振兴有效衔接的典型样板。2018年实现了整村脱贫，2020年贫困人口全部脱贫。德胜村先后被评为"河北省乡村旅游重点村"、"第六届全国文明村镇"、"全国民主法治示范村"、"全国乡村治理示范村"、"全国脱贫攻坚先进集体"、"全国先进基层党组织"等荣誉称号。

二、模式做法

（一）小土豆做成大产业

坝上地区气候冷凉，适宜马铃薯育种。几年前，村里引进一家农业公司示范种植马铃薯原种，品质好、效益高，总书记考察时称赞"小土豆做出大产业"。这让村民们深受鼓舞，村里积极争取项目资金，建起280个育种大棚，成立专业合作社，积极对接种业公司和科研单位，德胜村的马铃薯育种产业就这样有了起色。2018年，合作社引入企业进行订单生产、保底收购，对接销售网络，有效抵御了市场风险。靠整合资源、抱团发展、对接市场，德胜村的马铃薯原种繁育走上了可持续发展之路。

图 10-11　企业引领德胜村产业发展

图片来源：http://www.360doc.com/content/21/0801/09/22953_989047447.shtml

（二）光伏电站成了"铁杆庄稼"

德胜村海拔1400米，干旱少雨，年均日照3000多小时，太阳能资源丰富。村党支部和驻村扶贫工作队争取多方支持，2017年建起两座共500千瓦的村级光伏电站。5年多来，电站每年收入50-60万元，增加村集体收入。2017年4月，通过流转村里2600多亩荒山荒坡、草地等闲散土地，引进企业投资建设了一座5万千瓦的农光互补电站，光伏板上发电、板下种植中药材和苜蓿。村民从中可以得到"两金"：一是每年每亩450元的土地租金，140多户受益；二是设备维护、除草、打药的务工薪金。就这样，德胜村的光伏电站从政府投资到引进市场主体，从单一发电到农光互补，发展成了一个新型扶贫产业。

（三）特色文旅助力乡村振兴

2017年，村里采取企业代建、以地补偿、政府适当补贴的方式，拆除两个自然村，统一规划建设了139套以二层小楼为主的新民居，同时投资建设了46套精品民宿，为开发乡村旅游提供了硬件设施和条件。2018年村民入住新居，王登云第一个把自家空余房间挂到网上搞起了民宿，3个月收入2万元，一下带起了十几户办民宿。另外，由德胜乡村产业公司牵头，建设42套民宿样本房，启动样板区的民宿业务，采取游客导流和示范经营的办法，引领和带动德胜村民宿产业实现规模化、规范化发展。

三、建设成效

（一）农户收入稳定增长

由"贫困户"变成"小康户"；集体经济飞速发展，由"贫困村"变成"百万村"。村民精神面貌焕然一新，由"等靠要"变成"比赶超"。2022年，德胜村村民人均收入达到21600元，村集体收入达到222万元。

（二）主导产业全面发展

由"单打一"变成"组合拳"。形成了以马铃薯种薯种植、光伏、民宿旅游为主导，生态种养殖、艾草种植、水培蔬菜等特色产业齐头并进的良好发展模式，产业带动效果明显。

(三) 村容村貌翻天覆地

由"土村庄"变成"新农村"。如今的德胜村，最直观的变化是村容村貌，最可喜的变化是村民的精气神。通过拆旧建新，实现了旧貌换新颜，成为远近闻名的新农村建设示范村，为全县新农村建设树立了典范。

案例九 河北省隆化县七家镇西道村的"草莓公社"发展模式

一、基本情况

西道村位于河北省隆化县七家镇，距县城50多公里。几年前，这个只有1260口人的小村庄，人均收入不足3000元，是穷乡僻壤的典型。而如今这里的村民，经过"草莓公社"的规划定位，基本家家户户都有了自己的致富产业，已成为河北乡村振兴的典范。

图 10-12　西道村草莓公社

图片来源：https://www.sohu.com/a/533681323_121209218

二、模式做法

（一）政策支持引领发展

隆化县秉持"绿水青山就是金山银山"的理念，立足当地区位产业优势，充分利用乡村振兴大环境下各类政策支持，依托区域内优越的山水田园环境与农业资源，通过整合四季草莓、森林温泉、特色餐饮、民俗展演等特色资源，扶持村里的致富能人李忠，成立了西道旅业公司，以大户资金、土地入股形式，吸纳草莓种植大户，打造了以"草莓采摘、温泉沐浴、民宿体验"为主题的特色风情小镇"草莓公社"。

（二）融合发展多元体验

西道村通过整合四季草莓、特色餐饮、民俗展演等优势资源，实行"公司+基地+农户"经营方式。立志于打造"美丽乡村+扶贫攻坚+乡村旅游+产业发展+农村特色文化开发+农村电商+沟域经济+城乡统筹"八合一融合发展的多功能美丽乡村，打造出"小镇+草莓公社+乡村旅游"完美融合的示范样板。

（三）"文化IP"草莓公社品牌打造

西道村在打造草莓公社过程中，融入了许多草莓文化元素。首先，乡村塑造了一个吸引人的可爱吉祥物形象——"莓西"。其次，对各农户住房进行改造装修，为游客提供以草莓为主题的住宿体验，村庄的建筑以及景观均突出草莓文化主题元素；从餐饮标识、路边卡通雕塑到路灯、廊桥、舞台场馆等都融入了草莓元素，为游客打造了沉浸式的衣食住行的草莓之旅。

（四）"借势"规划整合分散资源

西道村位于"热河皇家温泉美丽谷"南侧田园片区，规划以草莓元素为主导，结合皇家和民俗文化的特色，整合"南部草莓小镇、中部草莓园、北部稻田"，集中发展了休闲农业和创意农业。

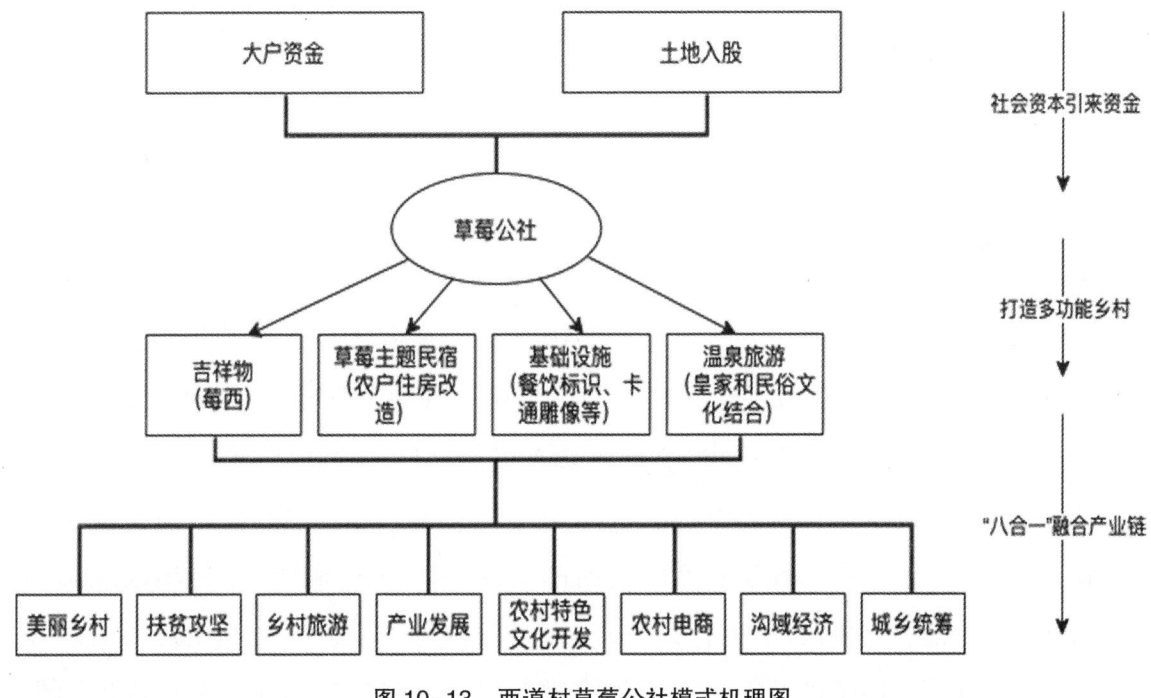

图 10-13　西道村草莓公社模式机理图

三、建设成效

西道村的"草莓公社"以草莓元素为主题，草莓产业为依托，成为隆化县以休闲农业、创意农业引领"一三产业"融合发展、实现"生态美与百姓富"的新型发展模式示范点。自 2018 年运营以来，已累计接待游客 10.3 万人次，其中 2019 年上半年已接待游客 3.7 万人次，营业收入 130 万元。西道村通过草莓种植一项产业，不仅带动了自身以及周围村的经济发展，也解决了当地的就业问题，让乡村振兴的建设做到了真正的因地制宜，符合了乡村振兴的精神要求，真正赋予了村民产业自主"造血"的功能。

案例十　河北省围场县城子镇八顷村的生物多样性引领乡村振兴模式

一、基本情况

八顷村位于围场县西北方向，距县城70公里，全村共有10个居民组，总面积29165亩，现有耕地3400亩（水浇田1000余亩，其余为旱地），林地面积21450亩，全村分布于"一条路两条沟"。全村总人口460户1180人，2019年底实现整村脱贫，贫困综合发生率降至0.34%。八顷村作为生态环境部的重点生态环保扶贫示范村，近年来，南京环境科学研究所的专家多次前来调研，培育出玫珑瓜种植、金莲花种植、有机富硒马铃薯种植、菊芋种植等产业，助力八顷村闯出一条生态产业致富路。城子镇八顷村"生物多样性保护与减贫"做法，在联合国"生物多样性"峰会上面向世界推广推行，驻城子镇八顷村工作队帮扶事迹入选"全国驻村帮扶典型案例"。

图10-14　八顷村生物多样性引领产业发展

图片来源：https://www.sohu.com/a/348055864_120333600

二、模式做法

(一) 党建引领探索乡村振兴新路

2016年以来,八顷村利用党建共建模式,丰富生态文明内涵,探索乡村振兴发展路径。在河北省广播电视局驻村工作队的策划下,打造"坚持党建引领,强化德育实效,培植绿色理念,打造生态示范,实现乡村振兴"党建品牌,形成"名场+名校+名村"携手共建党建新格局,进一步激发了当地干部群众艰苦创业、乡村振兴的内生动力。

(二) 发展特色产业项目,发挥生态观赏作用

八顷村属于生物多样性比较丰富的区域,在生态环境部相关部门的帮助下,八顷村引进了海南玫珑瓜种植项目,不仅带动本村脱贫群众致富,还带动了附近乡镇及数个村加入种植行列,减贫成效优势转变为产业辐射效应。

近年来,生态环境部南京环境科学研究所与河北省广播电视局驻村工作队采取流转村民闲置土地由村集体种植的方式,引进培育出金莲花新品种"中华1号",既保障制药企业原料供应,又减少了村民对当地生物多样性资源的依赖和破坏,还为村民提供了增收渠道。金莲花除了具有药用价值外,观赏性极强。八顷村的生物多样性引领乡村发展模式实现了生态与减贫双赢的效果。除了金莲花、玫珑瓜,还有富硒马铃薯、菊芋等大规模投入种植。

三、建设成效

如今的八顷村,新硬化道路的一侧,是30个玫珑瓜大棚和5亩金莲花种植基地,成为一道亮丽的风景线。村两委班子带领八顷村坚持生态环保扶贫特色定位,以环境家底的改善和提升为突破,持续优化"支部+公司+合作社+农户"产业运作模式,厚植绿色家底,打造特色农业品牌、拉长生态产业链条,增加集体经济和脱贫群众收入。2019年10月,八顷村成功取得马铃薯有机认证,使优质马铃薯

产品成功进入石家庄大型超市,经济附加值成倍增长。2019年2月被生态环境部确定为"生态环保扶贫建设示范村",并与同年8月13日在八顷村召开示范村创建现场会,推广八顷村的经验做法。2020年9月21日,外交部和生态环境部向联合国发布生物多样性峰会中方立场文件,围场县八倾村探索实践的生物多样性减贫成效和做法,作为减贫案例被收入其中,向国际讲述中国扶贫村的减贫故事。

案例十一 河北省威县方家营镇孙家寨村的孝道文化引领乡村建设模式

一、基本情况

孙家寨村位于威县城东10公里,镇政府北侧,老沙河西侧。村域面积3500亩,村庄面积500亩,耕地面积2086亩,村民主要经济来源是果蔬种植。该村是原建档立卡贫困村,于2016年脱贫出列,2022年人均收入23000元,村集体收入33.4万元。近年来,孙家寨村党支部以乡村振兴统揽全局,探索党建引领、为民服务、孝老敬亲、自治强基、集体增收"五位一体"发展模式,成为远近闻名的孝道村、富裕村、幸福村。该村先后获得"全国文明村镇"、"3A旅游景区"、"中华孝道教育基地"、"河北省核心价值观涵育基地"、"河北省文明村"、"邢台市社会组织党建工作示范单位"等荣誉称号。

二、模式做法

(一)弘扬孝心敬老,德治树人

"一村人、一家人、一口锅"的"孝道模式"在孙家寨村已持续了10年。2010年底,该村村书记付宏伟在历经了父亲的一场重病后,怀着"百善孝为先,尽孝不能等"的信念,放弃舒适的城市生活回到家乡,践行孝亲尊老善行义举。

付宏伟用自己的积蓄投资60多万元建设了孙家寨"空巢老人服务站"、"老人洗澡堂"和"孝道蔬菜园"。每月初一、十五举办"孝道餐"、"饺子宴",十几年雷打不动,受益老人十多万余人次,全国20多个省市、8万余人次前来观摩,吸引带动5万多名志愿者参与爱心事业,成为远近闻名的孝道"风景点",和"没有围墙的敬老院"。

图 10-15　孙家寨村孝道文化

图片来源:https://www.sohu.com/a/151501161_781012

(二)发展特色产业,固本强基

孙家寨村依托孝道文化特色品牌影响力,投资1.2亿元打造占地480亩的现代农业先行示范区,大力发展"孝道经济",培育壮大孝道产业,推出孝道小米、石磨面粉、纯花生油、莲藕酱菜、卤香水晶蛋、纯棉被等系列产品,并开办农村淘宝,实行线上线下同步销售,为71名群众提供了就业岗位,带动群众人均增收3000元以上。建成2个民俗小院,美化、亮化、绿化村内街道和环村水系,打造孝道特色旅游产业,被评为国家3A级旅游景区,年接待游客2000余人次。

(三)弘扬新风正气,自治自管

制定9章48条的《村规民约》,吸纳"五老"(老干部、老战士、老专家、老教师、老模范)创建道德模范评议会,开展"四治融合"(政治、德治、自治、法治),实现乡村治理共建、共享、共治。创新开展"慈母之家"、"孝子之家"、

"好媳妇"、"好婆婆"等典型评选活动。培树了"零彩礼"姑娘王慧莹，给公公找老伴的好媳妇石秋菊等先进典型。免费开办"美德好少年夏令营"，帮助近千名"问题少年"走出困境。

三、建设成效

孙家寨村以传承中华民族敬老爱亲的优良美德为抓手，大力弘扬孝道文化，为进一步丰富"孝亲敬老"的建设内涵，重新唤起了年轻一代对老年人的关怀，让关爱老人蔚然成风，特别是在应对老龄化社会到来的背景下，成为一种可贵的实践探索，在该村的带领下，全县涌现出220多个孝亲敬老村。湖北、安徽、河南、山西、陕西、山东、辽宁、内蒙古等20多个省市组团来学习孙家寨"敬老爱亲"模式，孙家寨的"孝道大餐"走出村庄、走出邢台，走到了全国更多地方。

案例十二 河北省阜平县北果园镇店房村的生态保育助力乡村振兴模式

一、基本情况

北果园镇店房村位于阜平县城东南部，距离县城16公里，全域面积18.67平方公里，耕地面积651亩，林地面积12000亩，森林覆盖率43%。全村现有人口413户1158人，2014年全村识别建档立卡贫困户291户779人，贫困发生率68.69%。2016年7月6日，中央军委国防动员部定点帮扶店房村。2020年，全村整体脱贫，整体搬迁进小区，生产生活环境得到进一步提升。曾被授予"全省发展壮大农村集体经济先进基层党组织"、"河北省先进基层党组织"、"河北省卫生村"、"保定市美丽休闲乡村"等荣誉称号。

图 10-16　生态产业助力新村建设

图片来源：https://mp.weixin.qq.com/s/QhXBOmbVVQrwV7vsOh3Lcw

二、模式做法

（一）整体搬迁打造"幸福店房"

店房村原分布在 13 个自然村，现已整体搬迁至店房新村。店房村搬迁小区，基础设施完善，并多方筹措资金，专门用于基础设施的提升。实施道路通畅和道路亮化提升工程，实施安全饮水提升工程，一户一表，全部实现集中供水；实施污水处理提升工程，生活污水治理实行"三水分流、一片湿地"模式，达标排放或景观利用。实施公共服务设施提升工程，新建党群服务中心、综合服务站、双拥体育广场、爱心菜园、公共卫生间等，全面提升村民幸福感。

（二）生态保育，引进企业打造"产业店房"

一是发展壮大村级产业。店房村依托中央军委国防动员部帮扶优势，多次到上海、浙江、广州等地考察，结合本村生态优势于 2016 年开始先后协调引进了军熙农业、宜仁农业、太行深处净菜加工、水帘仙洞水厂、手工业加工厂、河北鱼水情旅游集团开发有限公司等 6 家企业入驻店房。既为村民提供了大量就近务工的岗位，拓宽了农产品的销售渠道，又增加了集体经济收入用于村内公益事业发展和村民分红。

二是鼓励发展家庭农场。通过土地流转、承包经营进行大枣种植，集大枣采摘、销售、批发于一体，带动土地规模经营，盘活了土地资源，涌现出了一批种植大户，实现了农民增收致富和农业产业化齐头并进的势头。

三是积极推进全域旅游。基于浓厚的红色历史沉淀和山水田园的生态优势，店房村积极推进全村全域红色旅游，在本村水帘洞、百灵台、将军林等自然景观基础上，挖掘烈士墓等红色旅游资源，结合大枣产业园区、军事主题公园、国防教育小镇、传统民俗等，发展全域旅游，打造集采摘、观光、教育、康养为一体的旅游胜地。

三、建设成效

近年来，店房村在脱贫攻坚取得重大成果的基础上，进一步整合集聚资源，以打造"红色店房、生态店房、产业店房、康养店房"为内核的国防小镇为目标，稳步推进国家级国防教育基地建设，加快旅游产品品牌创建和推广，持续发展壮大龙头企业，注重乡风文明建设，因地制宜发展壮大特色产业，不断巩固提升脱贫成效，大力实施乡村振兴战略，努力实现农业更强、农民更富、农村更美，更好满足人民群众对品质生活的追求。

参考文献

[1] Artur S, Jane A. Exploring the contribution of rural enterprises to local resilience. Journal of Rural Studies, 2015, 40: 30-45.

[2] Bandara J S, Cai Y. The impact of climate change on food crop productivity, food prices and food security in South Asia. Economic Analysis and Policy, 2014, 44(4): 451-465.

[3] Bell, M. The fruit of difference: The rural-urban continuum as a system of identity. Rural Sociology, 1992, 57(1): 65-82.

[4] Borgegård L E, Håkansson J, Malmberg G. Population redistribution in Sweden: long term trends and contemporary tendencies. Geografiska Annaler Series B Human Geography, 1995, 77(1): 31-45.

[5] Bridger J, Alter T. Place, community development and social capital. Community Development, 2006, 37(1): 5-18.

[6] Carr, P J, Kefalas, M J. Hollowing Out the Middle: the Rural Brain Drain and What it Means for America. 2009, Boston: Beacon Press.

[7] Champion, A G. The reversal of the migration turnaround: resumption of traditional trends. International Regional Science Review, 1988, 11(3): 253-260.

[8] Charleville, Queensland, Australia. Natural Hazards, 2011, 59(2): 699-723.

[9] Chiang Y C, Tsai F F, Chang H P, et al. Adaptive society in a changing environment: Insight into the social resilience of a rural region of Taiwan. Land Use Policy, 2014, 36: 510-521.

[10] Citrin D, Thapa P, Nirola I, et al. Developing and deploying a community healthcare worker-driven, digitally-enabled integrated care system for municipalities in rural Nepal. Healthcare, 2018, 6(3): 197-204.

[11] Cloke, P, Milbourne, P. Deprivation and lifestyles in rural wales: II Rurality and the cultural dimension. Journal of Rural Studies, 1992, 8: 359-371.

[12] Davoudi S, Stead D. Urban-rural relationships: an introduction and brief history. Built Environment, 2002, 28(4): 269-77.

[13] Du M, Huang Y, Dong H, et al. The measurement, sources of variation, and factors influencing the coupled and coordinated development of rural revitalization and digital economy in China. PLOS ONE, 2022, 17(11): e0277910.

[14] Erich Wei. Rural land Consolidation in the Federal Republic of Germany. 1999, Beijing: China Agriculture Press.

[15] Fei, J, Ranis, G. A Theory of Economic Development. American Economic Review, 1961, 51, 533-565.

[16] Feng G, Zhang M. The Coupling Coordination Development of Rural E-commerce and Rural Revitalization: A Case Study of 10 Rural Revitalization Demonstration Counties in Guizhou. Procedia Computer Science, 2022, 99: 407-414.

[17] Folke C. Resilience: The emergence of a perspective for social- ecological systems analyses. Global Environmental Change, 2006, 16: 253-267.

[18] Folke C, Carpenter S, Elmqvist T, et al. Resilience and sustainable development: Building adaptive capacity in a world of transformations. AMBIO: A Journal of the Human Environment, 2002, 31(5): 437-440.

[19] Freeman C, Cheyne, C. Coasts for sale: Gentrification in New Zealand. Planning Theory & Practice, 2008, 9(1): 33-56.

[20] Friedmann, J. Regional Development Policy-A Case Study of Venezuela. 1966, Cambridge: MIT Press.

[21] Gallaher, A, Padfield, H. The Dying Community. 1980, Albuquerque: University of New Mexico Press.

[22] Gibson C, Dufty R, Drozdzewski D. Resident attitudes to farmland protection measures in the northern rivers region, New South Wales. Australian Geographer, 2005, 36(3): 369-383.

[23] Godin, V. V, Belousova, M. N, Belousov, V. A, et al. Agriculture in a digital era: Threats and solutions. E-Management, 2020, 3: 4-15.

[24] Guenther S. Land consolidation in Bavaria: Support given to rural areas. Irrigation Engineering and Rural Planning, 1986, (9): 53-59.

[25] Halfacree K. Locality and social representation: Space, discourse and alternative representations of the rural. Journal of Rural Studies, 1993, 9(1): 23-37.

[26] Halfacree K. New forms of urbanization: Beyond the urban-rural dichotomy. 2004, Aldershot: Ashgate Press.

[27] Hall, C. M, Scott, D, Gössling, S. The Primacy of Climate Change for Sustainable International-

al Tourism. Sustainable Development,2013,21(2),112-121.

[28] Hamzah J, Habibah A, Buang A, et al. Flood disasters, impacts and the tourism providers' responses: the Kota Tinggi experience. Adv Appl Sci,2012,6: 26-32.

[29] Harris J, Todardo M. Migration, unemployment, and development: a two sector analysis. American Economy Review,1970,60(1): 126-141.

[30] Heijman W Hagelaar G, van der Heide M. Rural resilience as a new development concept // Tomic D, Sevarlic M M. Development of agriculture and rural areas in central and eastern Europe: Proceedings of 100th Seminar of European Association of Agricultural Economists (EAAE). Novi Sad, Serbia: EAAE,2007: 383-396.

[31] Higgins V. Re-figuring the problem of farmer agency in agri-food studies: a translation approach. Agriculture and Human Values,2006,23: 51-62.

[32] Hirschman, A. O. The Strategy of Economic Development. 1958, New Haven: Yale University Press.

[33] Hoggart K, Paniagua A. What rural restructuring? Journal of Rural Studies,2001,17(1): 41-62.

[34] Janus, J, Bozek, P, Taszakowski, J, et al. Decaying villages in the centre of Europe with no population decline: Long-term analysis using historical aerial images and remote sensing data. Habitat International,2022,121: 102520.

[35] Kates R W. Environment and development: Sustainability science. Science,2001,292: 641-642.

[36] Keogh D U, Apan A, Mushtaq S, et al. Resilience, vulnerability and adaptive capacity of an inland rural town prone to flooding: A climate change adaptation case study of Charleville, Queensland, Australia. Natural Hazards,2011,59(2): 699-723.

[37] Koning, J. D, Hobbis, S. K, McNeill, J, et al. Vacating place, vacated space? A research agenda for places where people leave. Journal of Rural Studies,2021,82: 271-278.

[38] Lee, S. H, Choi, J. Y, Yoo, S. H, et al. Evaluating spatial centrality for integrated tourism management in rural areas using GIS and network analysis. Tour. Manag,2013,34: 14-24.

[39] Leichenko, R, Silva, J. A. Climate change and poverty: vulnerability, impacts, and alleviation strategies. Wiley Interdisciplinary Reviews-Climate Change,2014,5(4): 539-556.

[40] Lewis, W. A. Economy development with unlimited supplies of labor. The Manchester school,1954,22(2): 139-191.

[41] Li Y H. Urban-rural interaction in China: Historic scenario and assessment. China Agricul-

tural Economic Review,2011,3(3):335-349.

[42] Li Y H. A systematic review of rural resilience,China Agricultural Economic Review,2023, 15(1):6-77.

[43] Li Y H,Li Y R,Westlund H,et al. Urban-rural transformation in relation to cultivated land conversion in China: implications for optimizing land use and balanced regional development. Land Use Policy,2015,47:218-224.

[44] Li Y H,Westlund H,Liu Y S. Why some rural areas decline while some others not: An overview of rural evolution in the world. Journal of Rural Studies,2019,68:135-143.

[45] Li Y H,Westlund H,Zheng X Y,et al. Bottom-up initiatives and revival in the face of rural decline: Case studies from China and Sweden. Journal of Rural Studies, 2016, 47: 506-513.

[46] Li Y H,Wu W H,Liu Y S. Land consolidation for rural sustainability in China: practical reflections and policy implications. Land Use Policy,2018,74:137-141.

[47] Li Y H,Zhang Q. Human-environment interaction in China: Evidence of land-use change in Beijing-Tianjin-Hebei Metropolitan Region. Human Ecology Review,2013,20(1):26-35.

[48] Liu Y S,Li Y H. Revitalize the world's countryside. Nature,2017,548:275-277.

[49] Liu Y S,Lu S S,Chen Y F. Spatio-temporal change of urban-rural equalized development patterns in China and its driving factors. Journal of Rural Studies,2013,(32):320-330.

[50] Lo F C,Kamal S,Mike D. 'Rural-Urban Transformation in Asia' in rural-urban relations and regional development. In: Lo F C,Josefa S. Edralin and Nguyen Tri Dung Regional Development Series. 1981,Singapore:MaruzenAsia Pte Ltd.

[51] Long H L,Woods M. Rural restructuring under globalization in eastern coastal China: What can be learned from Wales? Journal of Rural and Community Development,2011,6(1): 70-94.

[52] MacDonald,D,Crabtree,J. R,Wiesinger,G,et al. Agricultural abandonment in mountain areas of Europe: Environmental consequences and policy response. Journal of Environmental Management,2000,59(1):47-69.

[53] McGee,T. G. "The Emergence of Desakota Regions in Asia: Expanding a Hypothesis in The Extended Metropolis: Settlement Transition in Asia", in N. Ginsburg, Koppel, B. and McGee,T. G. (Ed.). 1991,Honolulu: University of Hawaii Press.

[54] McGee,T. G. Managing the rural-urban transformation in East Asia in the 21st century. Sus-

tain Sci,2008,(3):155-167.

[55] McIntosh A,Stayner R,Carrington K,et al. Resilience in Rural Communities:Literature Review. 2008,Australia:University of New England-Centre for Applied Research in Social Science.

[56] Meng Q,Chen X,Lobell D B,et al. Growing sensitivity of maize to water scarcity under climate change. Scientific Reports,2016,6:19605.

[57] Mugford S,Rohan-Jones S. Weaving the net:Promoting mental health and wellness through resilient communities. 2006,Mental Health Council of Australia.

[58] Myrdal,G. Economic Theory and Underdeveloped Regions. 1957,London:Duckworth.

[59] Nelson,P B,Oberg,A,Nelson,L. Rural gentrification and linked migration in the United States. Journal of Rural Studies,2010,26(4):343-352.

[60] Nobuya H. "The One-Village-One-Product(OVOP) Movement:What It Is,How It Has Been Replicated,and Recommendations for a UNIDO OVOP-type Project" Working Paper. 2008,Vienna:Research and Statistics Branch,United Nations Industrial Development Organization.

[61] Nordin S,Westlund H. Social capital and the life cycle model:The transformation of the destination of Åre. Tourism,2009,57(3):259-284.

[62] Ono,A. Marginal community and regional regeneration. 2008,Kouchi:Kochi Shinbunsha.

[63] Perroux,F. Note on the concept of growth pole(Note sur la notion de 'pole de croissance'),Applied Economy(Economie Appliquee). 1955,7:307-320.

[64] Phil M,Jim W,Neil A,et al. Rural community and rural resilience:What is important to farmers in keeping their country towns alive? Journal of Rural Studies,2012,28:20-29.

[65] Philip L,Cottrill C,Farrington J,et al. The digital divide:Patterns,policy and scenarios for connecting the 'final few' in rural communities across Great Britain. Journal of Rural Studies,2016,54.

[66] Philip L,Williams F. Remote rural home based businesses and digital inequalities:Understanding needs and expectations in a digitally underserved community. J Rural Stud,2019,68(5):306-318.

[67] Phillips,M,Page,S,Saratsi,E,et al. Diversity,scale and green landscapes in the gentrification process:Traversing ecological and social science perspectives. Applied Geography,2008,28(1),54-76.

[68] Scott M. Resilience:A conceptual lens for rural studies? Geography Compass,2013,7(9):

597-610.

［69］Skerratt S. Enhancing the analysis of rural community resilience: Evidence from community land ownership. Journal of Rural Studies,2013,31: 36-46.

［70］Solana-Solana,M. Rural gentrification in Catalonia,Spain: a case study of migration,social change and conflicts in the Empordanet area. Geoforum,2010,41(3): 508-517.

［71］Sorensen A,Epps R. The idea of stable adaptation and its origins//Land Use and Rural Sustainability. 2005,International Geographical Union Commissions on Land Use/Cover Cha.

［72］Souza M,Pereira GM,Jabbour ABLS,et al. A digitally enabled circular economy for mitigating food waste: Understanding innovative marketing strategies in the context of an emerging economy. Technological Forecasting and Social Change,2021,173: 121062.

［73］Spenceley A. Responsible Tourism: Critical Issues for Conservation and Development. 2010, London: Earthscan,386.

［74］Tacoli,C. "Rural-urban interactions: a guide to the literature". Environment and Urbanization,1998,10(1): 147-65.

［75］Thomas L,Anding,Neil C. Gustafson,For Rural Revival,NATIONAL CIVIC REVIEW, 1969: 302-206.

［76］Tian,Y,Liu,Q,Ye,Y,et al. How the Rural Digital Economy Drives Rural Industrial Revitalization—Case Study of China's 30 Provinces. Sustainability,2023,15: 6923.

［77］Westlund H. An unplanned green wave: settlement patterns in Sweden during the 1990s. Environment & Planning A,2002,34(8): 1395-1410.

［78］Westlund H. Urban futures in planning,policy and regional science: are we entering a post-urban world? Built Environ,2014,40(4): 447-457.

［79］Westlund H. In the Post-Urban World: Innovative Transformations in Global City Regions. 2018,London: Routledge Press.

［80］Woods M. Engaging the global countryside: globalization,hybridity and the reconstitution of rural place. Progress in Human Geography,2007,31(4): 485-507.

［81］Woods M. Rural. 2010,London,UK: Routledge Press.

［82］Woods M. Rural. 2011,London and New York: Routledge Press.

［83］Wood,R E. Survival of rural America: Small victories and bitter harvests. 2008,Lawrence: University Press of Kansas.

［84］Xu D,Guo S,Xie F,et al. The impact of rural laborer migration and household structure on household land use arrangements in mountainous areas of Sichuan Province, China. Habitat

Int,2017,70:72-80.

[85] Zavratnik,V,Kos,A,Duh,E. S. Smart villages:Comprehensive review of initiatives and practices. Sustainability,2018,10:2559.

[86] Zhang G,Dong J,Zhou C,et al. Increasing cropping intensity in response to climate warming in Tibetan Plateau,China. Field Crops Research,2013,142:36-46.

[87] Zhang L,Zhang Z,Chen Y,et al. Exposure, vulnerability, and adaptation of major maize-growing areas to extreme temperature. Natural Hazards,2018,91(3):1257-1272.

[88] 毕宇珠.中德城乡发展与土地利用比较研究——以山东省和巴伐利亚州为例.2012,北京:中国农业出版社.

[89] 毕宇珠,苟天来,张骞之等.战后德国城乡等值化发展模式及其启示——以巴伐利亚州为例.生态经济,2012,(05):99-102.

[90] 陈菊根."城乡等值化":发达地区新农村建设的有效途径.中共杭州市委党校学报,2007,(1):63-66.

[91] 陈为.日本过疏农山村的振兴及其对中国农村现代化的启示:以日本国福岛县三岛町为例.广西师院学报,1999,(1):12-19.

[92] 陈晓华,张小林,梁丹.国外城市化进程中乡村发展与建设实践及其启示.世界地理研究,2005,(3):13-18+49.

[93] 陈晓军.国内外农村土地整治权属调整研究进展.国土资源科技管理,2012,29(05):23-27.

[94] 董志凯.工业化初期的固定资产投资与城乡关系——对1950—1980年代工业建设的反思.中国经济史研究,2007,(01):12-22.

[95] 房艳刚.功能视角的乡村转型与优化调控.2020,长春:东北师范大学出版社

[96] 高鸣.中国农村人口老龄化:关键影响、应对策略和政策构建.南京农业大学学报(社会科学版),2022,22(4):8-21.

[97] 国家统计局.2022年农民工监测调查报告,2023.

[98] 郭晓云.我国数字乡村发展面临的挑战及对策建议——评《数字乡村:数字经济时代的农业农村发展新范式》.中国教育学刊,2023,(07):131.

[99] 何芳.前联邦德国土地整理介绍与分析.中国土地,1997,(10):41-44.

[100] 何秀荣.关于我国农业经营规模的思考.农业经济问题,2016,37(9):4-15.

[101] 侯云春,韩俊,刘云中等.城乡空间边界划分的国际经验及启示.中国发展观察,2010,(07):54-57.

[102] 胡必亮,李玉祥.城镇化与新农村:浙江项东村个案研究.2008,重庆:重庆出版集团.

[103] 黄海潮,温良友,孔祥斌等.中国耕地空间格局演化对耕地适宜性的影响及政策启示.中国土地科学,2021,35(02):61-70.

[104] 焦必方.伴生于经济高速增长的日本过疏化地区现状及特点分析.中国农村经济,2004,(08):73-79.

[105] 孔伟,郭杰,欧名豪.不同经济发展水平下的建设用地集约利用及区域差别化管控.中国人口·资源与环境,2014,24(4):100-106.

[106] 李厚刚.建国以来国家对于农村劳动力流动政策变迁.理论月刊,2012,(12):168-173.

[107] 李澜,李阳.我国农业劳动力老龄化问题研究——基于全国第二次农业普查数据的分析.农业经济问题,2009,30(6):61-66+111.

[108] 李培.社会主义新农村建设的模式探索——以"城乡等值化试验"为例.财经问题研究,2007,(5):83-88.

[109] 李玉恒,黄惠倩,宋传垚.贫困地区乡村经济韧性研究及其启示——以河北省阳原县为例.地理科学进展,2021,40(11):1839-1846.

[110] 李玉恒,黄惠倩,宋传垚.中国西南贫困地区乡村韧性研究——以重庆市为例.人文地理,2022,37(5):97-105.

[111] 李玉恒,黄惠倩,王晟业.乡村韧性研究的热点与趋势:基于CiteSpace的知识图谱分析.地理科学,2023,43(9):1568-1575.

[112] 李玉恒,刘彦随.中国城乡发展转型中资源与环境问题解析.经济地理,2013,33(01):61-65.

[113] 李玉恒,王艳飞,刘彦随.我国扶贫开发中社会资本作用机理及效应.中国科学院院刊,2016,(3):302-308.

[114] 李玉恒,阎佳玉,刘彦随.基于乡村弹性的乡村振兴理论认知与路径研究.地理学报,2019,74(10):2001-2010.

[115] 李玉恒,阎佳玉,宋传垚.乡村振兴与可持续发展—国际典型案例剖析及其启示.地理研究,2019,38(3):595-604.

[116] 李周.改革以来的中国农村发展.财贸经济,2008,(11):82-90+127.

[117] 林毅夫,蔡昉,李周.中国的奇迹:发展战略与经济改革.1994,上海:上海人民出版社.

[118] 刘丽伟,高中理.美国发展"智慧农业"促进农业产业链变革的做法及启示.经济纵横,2016,(12):120-124.

[119] 刘鲁.多元文化视角下乡村旅游与空间重构研究——以北京怀柔北沟村为例.2023,人文地理,38(04):148-155.

[120] 刘琼,欧名豪,盛业旭等.建设用地总量的区域差别化配置研究——以江苏省为例.中国人口·资源与环境,2013,23(12):119-124.

[121] 刘彦华.徐丹:未来农业会很酷.小康,2022,(16):24-26.

[122] 刘彦随.中国新时代城乡融合与乡村振兴.地理学报,2018,73(4):637-650.

[123] 刘彦随,刘玉.中国农村空心化问题研究的进展与展望.地理研究,2010,29(1):35-42.

[124] 刘彦随,刘玉,翟荣新.中国农村空心化的地理学研究与整治实践.地理学报,2009,64(10):1193-1202.

[125] 刘彦随,乔陆印.中国新型城镇化背景下耕地保护制度与政策创新.经济地理,2014,(04):3-8.

[126] 龙花楼,胡智超,邹健.英国乡村发展政策演变及启示.地理研究,2010,29(8):1369-1378.

[127] 龙花楼,屠爽爽.论乡村重构.地理学报,2017,72(04):563-576.

[128] 龙花楼,张杏娜.新世纪以来乡村地理学国际研究进展及启示.经济地理,2012,32(8):1-8.

[129] 马羽昕,艾铭雪,王鑫缘等.红歌文化助力乡村旅游的北庄模式.合作经济与科技,2023,(10):40-41.

[130] 屈小博,余文智.农民工教育与职业的匹配及其工资效应——基于城市规模视角.中国农村经济,2020,(1):48-64.

[131] 宋小霞,王婷婷.文化振兴是乡村振兴的"根"与"魂"——乡村文化振兴的重要性分析及现状和对策研究.山东社会科学,2019,(04):176-181.

[132] 汤礼莎,龙花楼,戈大专.乡村人居环境弹性形成的空间分异特征与机制——以洞庭湖区为例.地理学报,2023,78(06):1339-1354.

[133] 王大伟,孔翠芳,徐勤贤.中国百年城乡关系:从农村包围城市到城乡融合发展——正确处理城乡关系是中国共产党的重要制胜法宝.区域经济评论,2021,(03):5-12.

[134] 王枫云.马克思主义城乡关系理论中国化的历史回顾与经验总结.经济研究导刊,2011,(14):89-91.

[135] 王华,陈烈.西方城乡发展理论研究进展.经济地理,2006,(03):463-468.

[136] 王剑英.乡村振兴背景下李家庄乡村旅游发展现状及对策建议.现代农村科技,2022,(03):2-3.

[137] 王胜,余娜,付锐.数字乡村建设:作用机理、现实挑战与实施策略.改革,2021,(04):45-59.

[138] 王跃思,姚利,刘子锐等.京津冀大气霾污染及控制策略思考.中国科学院院刊,2013,28(03):353-363.

[139] 吴传钧.论地理学的研究核心——人地关系地域系统.经济地理,1991,(03):1-6.

[140] 邬林果,武荣伟,杨德刚.2000-2020年中国人口老龄化时空演变及影响因素研究.世界地理研究,2023:1-16.

[141] 许学强,薛凤旋,阎小培.中国乡村:城市转型与协调发展.1998,北京:科学出版社

[142] 殷浩栋,霍鹏,汪三贵.农业农村数字化转型:现实表征、影响机理与推进策略.改革,2020,(12):48-56.

[143] 张安录.城乡相互作用的动力学机制与城乡生态经济要素流转.生态经济,2000,(4):5-8.

[144] 张海鹏.中国城乡关系演变70年:从分割到融合.中国农村经济,2019,(03):2-18.

[145] 张昭.关于河北省空心村治理的理论探讨.河北师范大学学报,1998,22(4):573-576.

[146] 赵霞.传统乡村文化的秩序危机与价值重建.中国农村观察,2011,(03):80-86.

[147] 赵之枫,王春鑫.民宿型乡村多元协同空间治理机制研究——以北京市怀柔区北沟村为例.小城镇建设,2023,41(08):30-39.

[148] 中国国家统计局,中国统计年鉴.2022,北京:中国统计出版社